纪 念 我 的 爸 爸

预测

经济、周期与市场泡沫

洪灝 著

中信出版集团 | 北京

图书在版编目（CIP）数据

预测：经济、周期与市场泡沫 / 洪灏著 . -- 北京：中信出版社，2020.10（2025.10 重印）
ISBN 978-7-5217-2214-7

Ⅰ . ①预… Ⅱ . ①洪… Ⅲ . ①市场预测 Ⅳ . ① F713.52

中国版本图书馆 CIP 数据核字 (2020) 第 173759 号

预测：经济、周期与市场泡沫

著　　者：洪　灏
出版发行：中信出版集团股份有限公司
（北京市朝阳区东三环北路 27 号嘉铭中心　邮编　100020）
承 印 者：北京通州皇家印刷厂

开　　本：880mm × 1230mm　1/32　　印　　张：9.5　　字　　数：180 千字
版　　次：2020 年 10 月第 1 版　　印　　次：2025 年 10月第 17 次印刷
书　　号：ISBN 978-7-5217-2214-7
定　　价：69.00 元

目　录

第二章

市场是否可以预测

第三章

经济是否可以预测

第四章

周期是否可以预测

前 言

1929年的大萧条时期是凯恩斯主义的兴起时期，20世纪80年代初沃尔克伟大的货币政策实验则是货币主义战胜凯恩斯主义的转折点，而2020年新型冠状病毒肺炎（以下简称新冠肺炎）疫情时期正是中央银行新古典货币主义的全盛时期。全球央行再一次以史无前例的放水之势力挽狂澜，拯救全球经济于崩溃的边缘。然而，西方政府的扩张性财政政策也逐步重新抬头，直接把“生活费支票”寄给了人们。自2008年次贷危机以后，许多经济学家开始重新审视凯恩斯主义，当新冠肺炎疫情的暴发引发了大萧条以来全球最严重的经济衰退之后，凯恩斯主义大有凤凰涅槃的迹象。

如果说沃尔克的货币政策是近代史上货币政策的巅峰，同时伴随着美国十年期国债收益率的顶峰，那么伯南克、鲍威尔在过去十年里的两次危机中采取的量化宽松（QE）政策，可谓与沃尔克的货币紧缩相对的、货币政策的另一个巅峰。这种宏观经济学理论思维的变换和央行货币政策的切换，对于深谙历史周期轮回的中国人来说，当然是司空见惯的。毋庸置疑，我们现在正处在一个长周期历史性的拐点上。

古典经济学的出发点是假设资源是有限的。因此，古典经济学是一门解释如何最优分配有限的资源，从而得到最大产出的社会科学。然而，假如资源并非有限的呢？诚然，我们的时间、地下的矿产、城市里的土地等资源从绝对意义上来说其供给都是有限的，但是，当把有限的供给和消费需求相比较时，我们很快就会发现由于人们固有的储蓄倾向，相对于供给来说，有效需求显然是不足的。换言之，相对于有限的需求，供给是“无限”的。在这样的世界里，有效需求的不足最终一定会产生通缩的压力。社会价格的不断走低，通缩遍野，就是一个经济体里有效需求不足最好的证明。这种社会最终演绎的形式就是，它的发展将会停滞不前。20 世纪 90 年代泡沫破灭后，日本出现的通缩和经济发展停滞现象，就是有效需求不足最终导致的经济和社会后果的最好例证。

央行以当前通货紧缩的压力，来证明其极端量化宽松政策的必要性。实际上，这种政策的选择是治标不治本的。过去 30 年，在新古典货币主义的理性预期理论和有效市场假说的引领下，央行通过不断放水来应对每一次的经济和市场危机，并且宽松的力度越来越大。然而，不断走低的价格通胀恰恰反映了货币主义在新时期对于现实情况应对的不足。毕竟，弗里德曼说过：“所有的通货膨胀都是货币现象。”许多经济学家依据这个思路去预测2008年次贷危机后伯南克的量化宽松政策将带来的通货膨胀，然而，几年之后，在面对全球此起彼伏的通缩压力时不得不修改自己的预判。

不断放宽的货币政策还导致了社会分配的极度不均。这在很大程度上是由于富裕阶层和社会底层人民获得资源的能力有着天壤之别。新古典主义崇尚自由选择，有时候这种自由是无条件的，甚至是凌驾于他人和社会之上的。沃尔克实施伟大的货币政策实验之后的30年，也是市场不断去监管化、放权改革的时期。这种明显倾向于富裕和权力阶层的改革，进一步固化和加深了社会的分层，社会阶层之间的突破越来越难，贫富悬殊也越来越严重，俨然成为一种自由资本主义的“种姓制度”。21世纪初，美国经济衰退之后执行的近乎零利率的货币政策，让更多劳动人民投入房地产市场的投机大潮里，并因此背负了更多的债务，进一步压抑了社会的有效需求。人们成为债务的奴隶。

如今，全球社会分配不均的程度再一次回到了1929年大萧条前夕的最高点。如此深刻的社会割裂不可能是一个稳定的均衡点。或者一如我们所说的，物极必反。凯恩斯是一个非常聪明的投资家。20世纪30年代在凯恩斯发起第一场宏观经济革命之前，成功的投资就已经为他积累了许多财富。他加入了布鲁姆斯伯里团体，每天和各种社会名流、思想家、前卫艺术家打交道。弗吉尼亚·伍尔芙、亨利·马蒂斯、埃德加·德加、乔治·修拉等著名的作家和艺术家，都是他的座上客；毕加索、保罗·塞尚和乔治·修拉的画都在凯恩斯的艺术收藏品之中。然而，在剑桥大学精修了哲学的凯恩斯意识到，这种优越的生活方式在当时极度分裂的社会结构里并不会长久持续。如果不能通过对政治决策的影响而改变当时的社会现状，那么一场血淋淋的社会大革命最终将会来临。既然有效需求天生不足，就只能通过扩张性财政政策去弥补，改善当时整个社会的生存环境。因此，凯恩斯曾经坦言："真正有效的投资在于它的社会效应，在于战胜被未知笼罩着的时代的黑暗。"

当今社会，有效需求的不足将长期使经济通缩的压力越发明显。而这个长期结构性的通缩压力，是货币政策无论怎样宽松也无力改变的。即便如此，全球央行仍然会以战胜通缩为由，义无反顾地实行宽松的货币政策。在货币政策逐渐无能为力的同时，政府部门的财政赤字力度将会越发明显。这是凯恩斯主义历经90年后的一次回归，或者是当前经济的最后一根救命稻草，但也将是在未来几年最终引发通胀的诱因。虽然私人部门的有效需求不足，并且社会分配不均进一步恶化，但政府部门的财政赤字，以及其乘数效应产生的边际需求扩大，也将最终导致通胀的回归。其实，极度宽松的货币政策已经开始导致美国的通胀预期史无前例地飙升。

站在这个周期之巅，我们迎风而立，满目山雨欲来。在一个货币供应相对于需求是“无限”的新世界里，当一个社会阶层的割裂达到了一个难以逆转的程度的时候，投资的社会目的应该是通过投资对社会财富、资源进行二次分配，以超越这场“失败者游戏”。显然，富有的上层阶级拥有大部分的有价证券，社会底层很可能通过退休金计划持有一部分在未来几年很可能“跑输”的债券，而黄金在社会各个阶层之间应该仍然是低配的。比特币则代表着对于现有央行放浪货币政策的革命。

这是一本关于预测的逻辑和方法的书，并希望通过实际的市场经验观察、检验其成效。本书还对经济和市场周期的形成及其在预测中的应用进行了详细的论述。在凯恩斯起草他的著作《就业、利息和货币通论》的时候，他总是半躺在躺椅上，用铅笔快速地写着他的草稿。草稿写成之后，会被马上送到出版商的印刷机里，印好后就开始在凯恩斯的圈子里流传，类似于大学里的手抄本。由于凯恩斯是用自己投资赚来的资金出版《就业、利息和货币通论》的，所以出版商不得不同意凯恩斯这种不同寻常的写作方法。等到《就业、利息和货币通论》的最终草稿完成之后，它其实早已经在圈子里广为流传了。即便如此，凯恩斯的《就业、利息和货币通论》仍然非常晦涩难懂。同时，尽管周期是《就业、利息和货币通论》的主要元素之一，但是凯恩斯并没有系统地提出周期形成的原因和测量的方法，更没有提出如何通过经济周期运行的理论进行市场预测。

本书站在宏观经济巨人的肩膀上，对宏观经济学理论进行新的阐述，并尝试付诸实践，预测市场。本书并不能回答所有关于市场预测的问题，那是一门博大精深的艺术，但是本书至少为预测市场指明了路径和方向。

洪 灝

总　论

预测的艺术

进步就是波动。

——熊彼特

宏观的革命

大萧条时期可以说是现代宏观经济学大爆炸的时期。1934年，在出版《就业、利息和货币通论》的前夕，凯恩斯在给他的好朋友萧伯纳的一封信里写道："我相信我在写一本在未来十年里将彻底改变宏观经济学理论的书，虽然它的影响不太可能立竿见影，但这个世界思考宏观经济的角度将从此改变。我并不奢望现在谁会相信我，但我自己非常相信这一点。"《就业、利息和货币通论》是一本关于经济运行模式的集大成之作，以各种高深的数学模型解释了宏观经济运行历史的形成和伴随的现象，也预言了未来经济发展的结果。

《就业、利息和货币通论》出版时，美国和全球经济还被1929年股市崩溃后的经济大萧条影响着，这给当时的社会带来了极大的冲击。这部著作的出版恰逢其时，因此非常畅销，很快就成为宏观经济学里一部必读的经典之作。凯恩斯理论明显有别于当时经济学家的理论共识。他的经济分析以有效需求的不足和边际消费倾向递减为出发点，以经济周期、系统不确定性以及社会主义性质的投资取向为主要元素。凯恩斯为政府在波动、混乱的周期性资本主义经济体系里扮演积极的角色奠定了理论基础，并深刻影响了当时罗斯福的新政。凯恩斯的革命性思维认可政府可以用政策干预市场，与当时古典派提倡以自由市场进行资源配置的见解大相径庭。凯恩斯主义的新理念自此一直影响着宏观管理的思维——直至 20 世纪 70 年代油价不断攀升，美国经济再次陷入严重衰退，有关的经济管理模式才最终被货币主义所取代。

可惜的是，与爱因斯坦、马克思、弗洛伊德和达尔文等其他著名的开宗立派的学者不一样的是，凯恩斯 52 岁时才出版他的集大成之作《就业、利息和货币通论》。而该书出版后不久，凯恩斯又不幸患上严重的心脏病。因此，凯恩斯后期未能完全参与市场诠释他的作品的过程，同时《就业、利息和货币通论》也确实十分晦涩难懂。不久之后，凯恩斯的理论便在新古典货币主义登场、沃尔克实施货币政策实验之后逐步退出经济舞台——直至 2008 年全球金融危机和 2020 年新冠肺炎疫情发生，传统的宏观经济学理论纷纷失效之后，人们才重新回顾这一尘封已久的思想。然而，新古典经济学派对凯恩斯主义的阐释，仅仅局限于在经济困难时期采取扩张性财政政策——凯恩斯的理论也因此迷失于新古典经济学派的阐释之中。如果现实世界果真同新古典主义所假设的一样，常常可以自发地调整到一个平衡的状态，那么为什么自 1980 年后出现了这么多次全球性金融危机，同时央行每次都不得不进行市场干预？

市场俨然是经济的一面哈哈镜，是经济运行的一种扭曲而夸大的反映。尽管凯恩斯的《就业、利息和货币通论》很好地解释了经济运行的规律，但对于市场这面反复无常的哈哈镜，凯恩斯并没有花费太多的笔墨去讨论。关于市场预测，很多人都尝试过，但很少有人成功。预测本身就是一种自我矛盾的行为：今天预测的结果，需要在未来验证，但在未来到来之前，我们以当前的预测为基础的所作所为将改变未来的轨迹，最终很可能导致预测无法实现。换言之，预测的历史成绩越优秀，在未来预测实现的概率也就越小。

预测市场，本质上就是要找到一些市场运行的规律，并假设在预测未来的时候，这些历史规律将大致保持不变。我多年以来的研究结果表明，尽管难度很大，但是市场的运行在一定程度上是可以预测的。一般来说，市场趋势一旦开始，就将沿着一定的轨迹，在一定的时空里运行到极致，然后再反转。图 0.1 显示的是，标准普尔指数（以下简称标普指数）实际价格对数指标在第二次世界大战以来 35 年的波动周期。也就是说，市场的运行似乎有一个内生的周期，而这个内生的周期，在很大程度上是由人的预期来驱动的。央行的货币政策并不能改变周期的运行，相反，央行的货币政策使市场预期的形成更加极端。这是因为市场预期存在自适性，会因为过去对于政策的观察和经验积累而不断改变，从而导致市场价格加速并提前反映政策的变化，也使市场周期的运行更加极端。

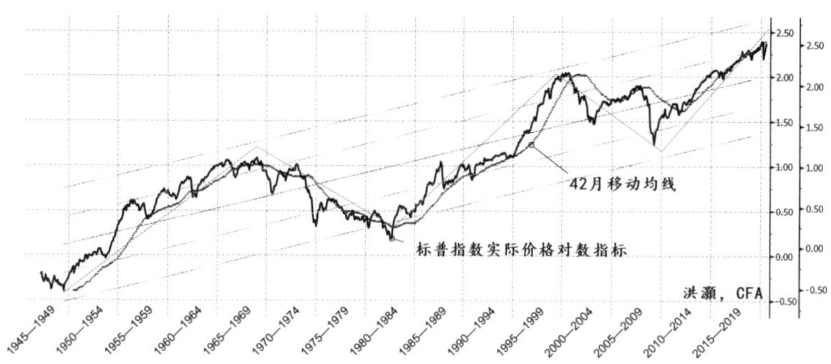

图 0.1 进步就是波动——1945 年以来，标普指数实际价格周期

注：标普指数实际价格对数指标（右轴内），42 月移动均线（右轴外）。
数据来源：彭博，作者计算。

写作本书的时候，我在自己的独立思考和多年研究成果的基础上，阅读了许多这个领域的学术研究。而后发现，其实主要的经济学理论在过去的一百多年里都是一脉相承的。我笼统地把各个经济学派分为古典主义、新古典主义和凯恩斯主义。这些不同的经济学派最根本的区别在于对市场的有效性，以及市场如何最优地分配有限资源的看法。简言之，新古典主义依靠市场，假设市场总是可以通过市场价格的信号重新分配组合资源，重新回到一个所有资源都被最优分配以达到产出最大化的均衡。而凯恩斯主义依靠刺激社会需求来调整市场，促使市场重新回到均衡点，然而这个新的均衡点可能是次优点，同时经济可以有多于一个的均衡点。新古典主义以市场为核心，而凯恩斯主义更多是围绕人性展开讨论的。

周期的诞生

古典经济学和新古典经济学有两个重要的基本假设：一是萨伊定律，也就是供给能够产生自己的需求（充分需求）；二是社会经济将通过市场价格的自我调整而实现充分就业。这两个假设条件，基本上把现实生活中宏观经济运行的微妙衔接之处都排除了。在这样一个理想世界里，由于有充分的需求去消化所有的供给，市场供求条件的变化将使市场价格进行自我调整，最终供求曲线将运行到一个一般均衡点上。在这个均衡点上，经济里的资源都通过市场价格的信号被自然地、有效地、充分地分配。这时，社会也达到了一个完全就业的状态。当市场的供给产生变化时，市场价格将再次自动调整，使经济重新回到均衡点上。

这是一种象牙塔里的世界观。经济历史数据，尤其是大萧条以来的经济历史数据，证明了萨伊定律与现实生活中的经验观察无法吻合。如果萨伊定律成立，那么我们如何解释大萧条里工资的黏性呢？当时，即便工人愿意放下身价而接受工资更低的工作，他们仍然无法就业，最终大萧条时期美国的失业率一度高达25%。2020年新冠肺炎疫情对于经济冲击的严重程度，不亚于20世纪30年代的大萧条。在2020年4月短短的4周内，美国的失业人数就飙升到2000多万。由于新冠肺炎疫情的暴发，供应链产生断裂，许多农场的农产品无法运送到消费者手里。许多农民不得不免费分发，甚至销毁他们的农产品——类似当年大萧条时，奶农把牛奶倾倒进河里的情景。

显然，供给并不总是能产生自己的需求。有效需求是不足的，并且随着时间的推移，这种有效需求不足的情况将越发严重。过去40年的经济历史证明，自从沃尔克以极度紧缩的货币政策制服了通胀后，供给持续大于需求。否则，我们如何解释在过去这么多年里，经济里的通胀压力长期持续地趋势性走低。如果市场价格经常在供给大于需求的时候承压，那么过去40年市场价格的持续下行，明显地显示了实体经济里有效需求的持续不足。在这样的经济条件下，经济里的实际均衡点很可能将离古典经济学里的最优均衡点越来越远——价格越来越低，就业越来越不充分。同时，由于供给相对于需求过剩，工人工资水平增长的速度相对于其劳动生产率水平的提高也越来越慢。逐渐地，工人的剩余价值被企业主保留的部分也就越来越多。借用马克思主义里一个生动的动词，这就是资本家对劳动者的“剥削”，而且过去40年里，剥削的程度变得越来越严重。这种资本家剥削下来的剩余价值的积累和汇聚，也造成了实体经济里日益加剧的贫富分化现象。

简单地说，按常理一个人是不能把所有收入在当期完全消费掉的。即使在某一个特定的时期，这个人的消费大于收入，或者说这个人是在借钱消费，那么这个人一生的消费和收入在理论上也应该是相等的。因此，一个人的消费倾向（ΔC），也就是他的储蓄（S）倾向的镜像（S=1–ΔC），往往小于1，并且是相对稳定的。甚至，一个人的消费倾向很可能是随着年龄和收入的增加而逐渐减少的。对于整个社会经济来说，产出等于收入，那么收入减去个人消费（C）和政府消费（G）的部分，就是储蓄。同时，这个均衡的关系显示，储蓄等于投资（I），我们也可以用公式来表达这个储蓄等于投资的关系：总产出P=C+G+I；因此，P–C–G=I；所以，S=1–ΔC=I。简言之，当期收入中没有消费的部分形成储蓄，而对于全社会来说，储蓄等于投资。

虽然储蓄等于投资，但是它们各自产生的原因却是不同的。从以上的恒等式来看，储蓄本身和消费倾向有关，本质上是当期消费和未来消费之间的衡量。而衡量当期消费和未来消费的决定性因素则是利率。同时，投资由企业主决定，取决于企业主对未来投资回报的判断，而这个判断更多取决于企业主对于未来的预期和信心。只有当未来投资回报高于利率的时候，企业主才会投资。在过去的40年里，对于整个社会来说，我们看到的利率下降的情况只是一个结果。被剥削的剩余价值的积累，意味着社会贫富分化越来越严重。同时，富人和穷人的消费倾向是不同的：富人的消费相对于其丰厚的收入和大量积累的财富而言只是很小的一部分，而穷人则不得不消费其大部分的收入来维持生计。或者说，富人的消费倾向远远低于穷人。反之，富人的储蓄倾向则远远高于穷人。这种贫富极端悬殊的现象，直接造成了储蓄过剩，以及有效需求的严重不足，并不断地压低市场利率。

对于储蓄和投资来说，储蓄产生的资金供给，并不自我产生有效投资资金需求。萨伊定律在这一对供求关系上也不奏效。这个推论不同于古典经济学的表述。古典经济学认为，储蓄产生的资金供应和投资产生的资金需求，可以在一个均衡的市场利率水平上达到平衡。然而，自2009年经济复苏以来，美国公司的投资资本回报率一路走低，同时伴随着资本支出的不断减速，回购股票的力度却越来越大。这种情况表明，企业家对投资的回报预期在不断降低，只能通过不断回购股票来提高股东收益。如上所述，储蓄资金和投资资金的不同决定因素造成了储蓄过剩，这时，即使利率不断下降，也无法补偿企业主迅速崩塌的投资回报预期，投资到实体经济里的生产性资产设备将会越来越少。久而久之，这一系列的连锁反应逐渐形成了贫富悬殊、储蓄过剩、投资不足、消费过低、经济增速不断放缓的经济现状。在这样的经济环境里，即便央行不断印钱放水、宽松货币，也无法唤起企业家投资实体经济的欲望。而讽刺的是，这个负循环，恰恰始于央行打着拯救市场的旗号推出的宽松货币政策。以上这一系列逻辑推论，是从质疑古典经济学的两个基本假设出发，从有效需求不足的角度来考察的。这些推论与 2009 年经济复苏以来我们观察到的现象，以及过去 40 年实体经济里出现的一系列经验观察非常吻合。

再回到前述讨论的恒等式 P=C+G+I。我们可以看到，消费倾向与个人的收入和财富水平有关。由于收入和财富的变化相对稳定，所以对于整个社会来说，收入和财富的变化往往等于整个社会收入的变化，也大致等比例于经济增速。因此，我们可以推论，消费倾向也是大致稳定的。随着时间的推移和贫富差距的不断扩大，对于整个社会来说，消费倾向会因为收入越来越集中在少数人的手里而越来越小，社会财富分配不均的现象将越发严重。但这些都是长周期的慢变量，我们很难在短时间里观察到本质的改变。然而，如前所述，投资的产生取决于企业主对投资的预期。通过实际观察可知，投资预期这种心理因素是非常易变的，很容易随着一些外界的因素大起大落，譬如股票价格。因此，被预期主导的投资决定也会变得非常容易波动，还会导致经济周期的波动。同时，消费则保持大致的稳定。也就是说，经济结构里最容易波动的部分是投资预期。这种投资预期的波动，就是经济周期产生的根本原因。而在短期消费倾向很难发生根本改变的时候，政府支出在经济衰退时就应该大幅地、逆周期地增加，以抵消投资预期变化带来的经济周期波动。

即便如此，央行的货币政策对投资预期的影响，也只能是间接的。在经济衰退的时候实施宽松货币政策，让实体经济里的资金成本大幅下降，从而让投资回报预期的门槛越来越低，然而，这并不能改变投资回报预期下降的趋势——尤其是在2020年这种迅猛的经济衰退的情况下。这也是为什么自2009年经济复苏以来，以资本开支形式投资生产性资产的增速在不断放缓。由于多年来利率不断走低,经济没有明显的通胀压力，所谓现代货币理论甚嚣尘上，实行负利率的货币政策被广泛而严肃地讨论。然而，如果货币政策并不能直接影响投资回报预期，只能形成投资预期的最低回报率要求，那么当投资回报预期为零的时候，就应该是利率的最后边界。在投资回报归零的这个时刻，再多的投资也不能实现实体经济增长的价值和增加劳动者的收入。同时，如果利率转负，就会变相地惩罚储蓄，干涸未来可能为投资提供资金的储蓄池。瑞典率先进行了负利率实验，但几年之后不得不放弃，这就是负利率无效最好的例子。在实行了负利率几年后，瑞典的经济学家发现负利率对经济基本上没有什么作用。这种极端的情况，最终将导致社会倒退，日本就是一个例子。简单地说，如果负利率有效，日本就不会经历“失去的30年”了。然而，随着时间的推移，目前这种经济陷入次优均衡点的极端情况出现的概率，正在上升。

非理性预期和市场泡沫化

新古典主义和凯恩斯主义的不同，还体现在对预期是否理性的观点上。新古典主义认为市场总是理性的。以美联储的一系列经济学家为代表，其认为理性预期假设市场的价格瞬间反映了市场里所有的消息和数据，并能够在一瞬间把这些新的消息和数据正确地计入市场价格里。因此，在一个理性预期的市场里，泡沫是很难产生的。即便有泡沫，也是“理性泡沫”，因为市场的价格理性地计入未来经济不断快速增长的预期，央行很难事先准确判断泡沫的形成。毕竟，市场里千千万万的参与者，包括那些受过最好的商学院教育，对上市公司的情况有充分了解，与上市公司的管理层有充分沟通的市场分析师和聪明的投资者，怎么可能一起犯同样的错误呢？因此，央行的首要任务是尽力保持货币政策的适合性，以此为经济增长提供最好的环境，达到充分就业和通胀平稳的双重政策目标。不幸的是，如果市场泡沫最终破灭，那么央行应该采取宽松的货币政策来帮助市场尽快恢复正常，使经济能够快速重回正轨。

显然，央行的这种货币政策选择的回报是非对称的。这种货币政策的选择提倡在通胀压力保持相对稳定的前提下，极力呵护市场上行和经济扩张，在市场暴跌的时候放松货币政策救市。这种货币政策造成了“上不封顶，下有保底”的市场回报分布，也就是市场里俗称的“美联储看跌期权”。这个美联储赐予的免费的看跌期权，与市场参与者手中的股票持仓，组合成了一个类似看涨期权的回报形态。这也是为什么这么多年市场的起伏，使市场参与者谨记着华尔街的那句格言“不要和美联储作对”，以及“逢跌必买，越跌越买”的交易策略。对于这种理性预期的谎言，在市场上摸爬滚打过的交易员都深谙其缺陷。因为市场的预期不仅是不理性的，而且可以持续地、任性地保持不理性——直到你破产为止。从阴谋论来看，商学院培养出一批又一批充满着“理性预期”的毕业生，毕业后占据着社会经济里重要的岗位，为美联储的货币政策合理性建立了坚实的群众基础。当然，理性预期理论也为市场里有经验的交易员提供了非常容易收割的对手盘。

然而，预期不可能是理性的。想象一下，人性是贪婪的，踏空往往比买错痛苦。而更痛苦的是，自己踏空，身边的人却踩准了节奏。在一个现代的、有组织的交易所里，人们都假设市场的流动性是充足的，在自己想要离场的时候可以随时充分地兑现自己手上的持仓。但是，如果市场里的每一个人都假设自己有充足的流动性，市场作为一个整体就没有了流动性。或者说，市场的流动性本身就是一个悖论。当所有人都以为自己有充足的流动性而同时夺门而出的时候，市场必然会缺失流动性。这个市场流动性的悖论，与银行挤兑是一个道理。银行是无法同时满足每一个储户取现的需求的。

同时，未来是不可测的，并不像商学院里所教的那种未来是简单重复一组概率加权历史数据的期望值。当市场参与者以为市场流动性非常充足，同时未来是不可知的时候，市场参与者投资的主要目的就变了。他们的目的，并不是要去发现投资标的的真正价值，因为那样太费时间了，并且未来也不可知。在流动性充足、未来不可知的假设前提下，市场参与者的贪婪将使他们醉心于猜出下一个接盘侠心中对于股票愿意给出的价格，并在合适的时机把手上的股票抛售给接盘侠。市场参与者要预测的是股票未来的价格，是别的参与者心目中对于股票的估价，而不是在不可知的未来这个股票真正的价值。毕竟，“从长期来看，我们都死了”。

当所有人都在竞猜接盘侠的预期，在猜想一场选美竞赛里别人心目中最漂亮的参赛选手时，就再也没有人会关心股票的估值了。失去了估值的锚，在一个流动性充足的市场里，预期将离基本面越来越远，最终泡沫化。从这个角度来考虑，市场并非像央行官员所说的那样是不存在泡沫的。只要人性贪婪、未来不确定、流动性充足这三个假设条件成立，那么最终市场必然泡沫化。在市场泡沫化的最后阶段，市场参与者必须不断地衡量保持仓位的预期风险和潜在收益。由于在泡沫化的后期阶段，价格严重脱离价值，更高的市场价格出现的概率在迅速下降，所以市场价格也必须不断上涨，甚至直线飙升，来补偿市场参与者留在市场里要承担的风险——直到泡沫最终破灭。这就是我们在 2015 年 6 月观察到的中国 A 股市场泡沫化最后阶段的情景和交易逻辑。可以看到，上述市场泡沫化的三个假设条件是很容易成立的，因此，市场必然泡沫化。与理性预期学派的结论相反，市场的泡沫是可以预测的。

对于市场泡沫化后的政策处理，理性预期学派和非理性预期学派并没有太大的分歧，两派都主张以宽松的货币政策来应对市场泡沫的破灭。然而，两个学派不一样的地方，是二者对市场泡沫化前的处理方式。理性预期学派选择对泡沫视而不见，掩耳盗铃，打着理性预期理论的旗号为执行宽松的货币政策提供理论基础。在央行官员的眼里，如果市场的预期是理性的，那么不断宽松的货币政策必然也是理性的、正确的。如前所述，执行这样的货币政策带来了贫富差距扩大等负面的社会效应。毕竟，政策都是为统治阶级服务的。在今天的美国社会里，1% 的社会顶层人士拥有超过 50% 的股票和基金，1%~10% 的社会上层阶级拥有接近 90% 的股票和基金。这些人往往是美国的经济精英，直接或间接地决定了社会分配的制度。如此看来，就很容易理解为什么美联储长期以来实施宽松货币政策，并营造“美联储看跌期权”的趋势了。

周期的规律

既然企业主投资预期的变化会引起经济周期的波动，同时央行在理性预期的基础上，试图以宽松货币的形式在市场出现危机时拯救市场、稳定预期，那么逻辑上有两个结论是显而易见的：一是经济周期的起伏与央行的货币政策有关；二是因为央行的货币政策选择是可以预测的，所以周期也是可以预测的。

在过去的数年里，我以自己的周期理论和模型为基础，每半年对中国市场的走势进行预测。这些预测最终大部分都被市场的实际情况一一验证。比如，我在 2016 年对 2017 年的全年展望是“微妙的平衡”，并向投资者预测了大盘股和港股的机会。我之后的市场展望报告的标题依次是：2017年下半年“再创新高”，2018年“无限风光”（此标题取自“无限风光在险峰”这句诗，但省略了“在险峰”三个字，因为对2018年的展望发表于2017年11月初，距离2018年1月底全球市场阶段性见顶还有3个月，而这3个月里市场的上行趋势非常猛烈），2018年下半年“乱云飞渡”，2019年“峰回路转”，2020年“静水流深”，以及2020年下半年“潜龙欲用”。市场在2018年1月运行到顶峰之后，便一路下行，直到2019年“峰回路转”，市场过去4年的走势和我历年的市场展望报告的标题隐含的意思大约一致。值得一提的是，这些预测与当时人们对于未来市场走势的预期是不一样的，有时候甚至是截然不同的，但最终得到了市场的印证。我一直认为，只有拐点才能改变人生，只有与众不同并不断被验证的投资建议才能真正为投资者增添价值。这些以周期理论和模型为基础的投资建议，并不是我可以用来自诩的资本，只是可以用来佐证自己的周期理论和模型有效性的一些实际论据。

我的量化研究发现，中美经济运行的短周期为3~3.5年。在周期运行的时候，大量的宏观经济变量同时且有规律地以大致固定的速度向同一个方向运行。因此，在确立周期长度的时候，我们只要找出最关键的一组驱动周期运行的变量，就可以大致推导出其他变量运行的方向和趋势。值得注意的是，在预测的时候，我关心的是经济变量运行的趋势和方向，并不是它们的绝对水平。因此，在本书里讨论的周期，是增长率周期，而不是经济运行的绝对水平周期。其实，日本的所谓“失去的30年”里的经济增速，虽然是在放缓，但是大体上还是保持正增长的。改革开放以来中国经济的持续增长是有目共睹的。因此，我们讨论的中国经济的放缓，严格地说，与西方经济的衰退不一样，虽然表现出来的形式都是经济增长率的放缓。

我的研究发现，中国经济周期的起伏，也就是经济增速的加速和放缓，与中国房地产行业的活跃性密切相关。在分析并拟合了几组房地产及其相关数据，形成了一个中国经济周期领先的指标之后，我们可以看到在过去20多年里，中国的房地产周期驱动中国经济周期以3~3.5年的时间长度向前波动。同时，中国经济周期的大趋势呈现出一个长期下行的状态——每一个经济短周期的高点和低点都越来越低。当然，这种长期下行的状态其实也没什么可大惊小怪的。长期来看，随着中国的经济体量不断增大，经济学里的边际效应递减的规律将会越来越明显，周期的高点和低点，也就是中国经济增速的变化，将会越来越小，而宏观经济里的波动性也将会逐步收敛。

此外，我的研究发现，美国经济的短周期大约是3.5年，其主要的领先指标在于美国在科技研发上的投资，如半导体出货量的变化、公司的资本支出计划的变化，以及其他一些更传统的指标，如新房开工、新房建筑批准、新房贷的申请等经济领先指标。这些指标的变化也呈现出周期波动的特征——同时且有规律地以大概一致的运行速度向同一个方向波动。当中美周期同时进入下行阶段的时候，市场往往会发生大幅动荡，虽然并不一定伴随着经济的衰退，比如 2018 年第四季度。2018 年 9 月 3 日，我发表了一篇题为“中美周期的冲突”的论文，以量化模型详细论证了美国经济周期运行的规律，并指出当时中美周期同时下行预示着即将到来的美国市场暴跌。回过头看，这篇论文发表的时间点恰恰在当时美股的顶峰。最终，美国市场开始的一轮波澜壮阔的暴跌，使 2018 年第四季度成为 1929 年大萧条以来最差的第四季度。

一般来说，2~3 个 3.5 年基钦库存短周期，镶嵌构成一个 7~11 年的朱格拉资本置换中周期；5 个以上的 3.5 年基钦库存短周期，镶嵌构成一个 17.5 年以上的中长周期；最后，10 个以上的 3.5 年基钦库存短周期，镶嵌构成一个 35 年以上的长周期，也就是现在可能大家都已经耳熟能详的康波周期。值得注意的是，周期运行的时间长度并非一成不变的，特殊的社会、经济事件常常会干扰经济周期的运行。然而，经济周期的运行有其内生的规律，央行的货币政策选择在很大程度上推动了这个规律的形成。因此，即使有无法预计的事件干扰了周期的运行，这些事件也只能改变周期波动的幅度，而不能改变其运行的方向和趋势。

2020 年第一季度，新冠肺炎疫情使全球经济陷入了 1929 年大萧条以来最严重的衰退，全球央行救市的力度也空前绝后。很多人认为，经济会在新冠肺炎疫情过后迅速恢复，因此会进入一个新的周期。虽然 2020 年 2 月 15 日我在自己实名认证的微博账号“洪灝”上预警了市场暴跌会在两个星期之内到来，并把这场暴跌的严重程度类比 1987 年 10 月的大崩盘和 2000 年的互联网泡沫破灭，但是这场暴跌随后的发展以及带来的后果，还是超出了我最坏的预期。同时，新冠肺炎疫情似乎使 2018 年第四季度到 2019 年第一季度的新的经济短周期提前结束了。我认为，新冠肺炎疫情很可能只是这轮经济周期结束的开始。2021 年后，经济将再次进入放缓衰退的阶段，并同时伴随着巨幅的市场波动。这是因为美联储史无前例的宽松货币政策虽然会拯救一时的经济衰退，但是其无底线的货币政策将带来其他经济恶果。这些救市的成本，最终将反馈到实体经济上。比如，经济里通胀的压力大幅飙升，增长却止步不前，最终形成一个滞胀的，甚至是恶性通胀的环境。在这样的滞胀环境里，股债双杀。

我们还要认识到，周期的运行虽然有着相对稳定的时间，但是除了上述不可预测的事件对周期运行的干扰，周期的镶嵌也让判断周期运行的始末成了一种追求“模糊正确”的艺术。周期的镶嵌，是指周期的运行既没有开始，也没有结束。上一个周期的结束，孕育着下一个周期的开始，循环往复，生生不息。中国古代早已对周期的运行有了哲学的认识。《易经》里的第一卦——乾卦的几个不同的卦象，描述着世间万物从开始到繁荣再到衰败的轮回，恰恰是对周期运行最好的描述。比如，“潜龙勿用”对应的是经济衰退的底部。这时，虽然龙潜于渊，万物衰败，但也恰恰是否极泰来的时刻。“见龙在田”到“或跃在渊”则是在描述经济复苏的阶段。“飞龙在天”对应着“潜龙勿用”，表示繁荣的顶点。之后，周期开始进入下行阶段，对应的卦象则是“亢龙有悔”到“群龙无首”。最后，经济周期又重新回到了周期的底部。

经济周期和市场预测理论

在上述讨论里，我们确立了周期形成的原因和周期运行的规律，那么我们应该如何把这些周期运行的规律用于市场预测呢？

如果市场是经济的反映，那么市场运行的周期也应该反映着经济运行的周期。如前所述，市场是经济的一面哈哈镜，是经济运行的一种扭曲而夸大的反映，这种市场的扭曲体现在市场波动的幅度比经济波动的幅度要大，但趋势是一致的。诺贝尔经济学奖得主罗伯特·希勒的研究显示，市场的波动只能被一小部分的经济基本面变化所解释。绝大部分市场波动，是无法用经济基本面的变化来解释的。如果经济周期运行的基本单位时间大约是 3.5 年，同时更长的经济周期由数个 3.5 年的短周期互相嵌套构成，那么市场价格运行的时间周期也应该反映这个规律。

我的研究发现，一个 3.5 年的短周期里大约有 850 个交易日。每个月平均有 20.2 个交易日，一年里有 242.4 个交易日，经过 3.5 年的时间，进而形成了一个有 848.4 个交易日的市场周期，也就是上述大约 850 天的市场周期。以这个 850 天的时间长度计算出来的、简单的市场价格移动均线，对于预测市场的趋势非常有效。对于上海证券综合指数（以下简称上证指数）来说，这条简单的 850 天移动均线，在过去近 30 年每一个关键的拐点，都形成了一个支持或压力的点位。而对于美国的标普指数来说，这条 850 天移动均线则是过去几十年的上升趋势线。每次标普指数上升的趋势被打破，都表现在标普指数现价与这条 850 天移动均线的关系上：当标普指数显著跌破这条 850 天移动均线的时候，往往伴随着严重的经济危机。

一般来说，在全球各个重要的市场指数的运行周期里，都可以找到这条 850 天移动均线的影子。比如，道琼斯指数的

850 天移动均线的运行规律与标普指数类似。而中国香港的恒生指数的运行周期，则体现出了 3~5 个 3.5 年的周期叠加的运行规律。用 10.5 年（3 个 3.5 年的短周期嵌套）和 17.5 年（5 个 3.5 年的短周期嵌套）的时间长度做出来的恒生指数移动均线，是恒生指数运行的长期上升趋势线。在 2020 年 3 月全球市场史诗级暴跌的时候，标普指数每一个下跌的关键点位都密切对应着这个 850 天的市场周期。更有意思的是，从 850 天周期推算出来的、3 月的这些下跌期间的关键点位，对应的是指数下跌的黄金分割点。比如，两倍 850 天移动均线，也就是标普指数 1700 天的移动均线，约为 2300 点。这个两倍 850 天移动均线的 2300 点的位置，恰恰对应的是 2020 年 3 月暴跌的底部，同时也正好等于 2018 年第四季度暴跌时的最低点——2300 点，而 2300 点也正好是标普指数从 3348 点的周期顶峰回调 38.2% 的黄金分割点。更有意思的是，从 850 天周期推算出来的、2020 年 3 月的三倍 850 天移动均线约等于 2000 点，大致等于标普指数从 3348 点的周期顶峰回调 50% 的黄金分割点。而 2020 年 3 月暴跌的最低点出现在 3 月 23 日的大盘中，恰好在 38.2% 黄金分割回撤点 2300 点附近。

注意，虽然我在上述讨论中运用了很多技术分析的名词，但是我进行的并不是技术分析。我的 850 天移动均线叠加预测系统，是从自己的3.5年经济短周期嵌套理论的基础上反推出来的。在2020年3月市场史诗级暴跌的时候，我公布的这些点位计算预测都是实时的,都可以在我的微博上找到。当时，我在微博上实时提供的有关下跌过程关键点位的预测，回头来看大致是正确的。在市场价格当时几乎每周都出现数倍方差之外的暴跌，暴跌出现的概率是几亿分之一，甚至几十亿分之一的情况下，以我的建立在经济周期理论上的850天移动均线，以及衍生出来的叠加周期（两个850天周期、三个850天周期）和时间单位（分钟、小时、天、周、月、年）推导出来的市场关键点位，只比实际市场出现的价格有3%左右的偏差。这些市场周期理论的实际运用和观察，不可能是巧合。这个以周期运行为基础的交易理论，在过去几十年的市场历史中不断被验证，在2020年的史诗级暴跌中为投资者指引了方向，也将在未来继续有效。

央行选择非对称性货币政策的恶果，除了越来越大的资本市场泡沫和波动越来越大的市场周期，就是长期趋势性的弱通胀，甚至是通缩的压力。格林斯潘之前的美联储主席一直保持着美联储相对于美国政府的独立性。美联储并非美国政府的一部分，而是一个半公共半私人的机构。即便如此，美国国会理论上仍然有权力通过立法干预美联储的货币政策选择，甚至解散这个机构。尽管美联储主席的任命是由总统提名的，但美联储最著名的主席之一——保罗·沃尔克，不惜冒着与里根政府决裂的风险，顶着巨大的政治压力也要进行大幅的加息和货币紧缩，以缓解当时高企不下的通胀压力。然而，现在美联储这种政治独立的风骨似乎已经荡然无存了。

社会的不均

沃尔克之后的美联储主席，虽然对货币政策的效用和把控炉火纯青，尤其是对货币政策作用于市场价格的操控了然于胸，但是他们的政治风骨，也就是美联储相对于美国政府的独立性，似乎大打折扣。格林斯潘在共和党和民主党之间游刃有余，他是美联储历史上任职时间第二长的主席，任期跨越了从里根到老布什，再到克林顿和小布什这几位美国总统。格林斯潘的人生高光点，不是他历次拯救市场，把市场从万劫不复的深渊边缘拯救回来，从而为他赢得了市场的膜拜和“大师”的称号，而是他在1996年提出的劳动生产率快速提高和劳工报酬增长的速度之间的关系，以及通胀压力的方向。格林斯潘认为，只要劳动生产率增长的速度快于劳工报酬增长的速度，那么通胀的压力就很难抬头。于是，美联储继续实行宽松的货币政策，通胀也没有成为很严重的问题。这个劳动生产率和通胀之间的关系的理论，在提出的时候市场和学界都是持反对意见的。然而，格林斯潘力排众议，最终证明了这个理论观察的正确性。这为当时美联储货币政策的选择，提供了扎实的理论基础。

当然，我们并不知道，格林斯潘提出这个劳动生产率的理论是否只是为了当时实施宽松的货币政策寻找理论基础，是不是先有了目标结论再去寻找可以证明结论的论据。但无论如何，在 1997 年亚洲金融风暴和 1998 年俄罗斯的历史性债务违约导致当时最大和最显赫的对冲基金之一——长期资本管理公司倒闭之后，美联储宽松的货币政策使市场避免了又一次的灭顶之灾。尽管 1997 年的亚洲金融风暴“猎杀”了亚洲当时的后起之秀“亚洲四小虎”，然而在格林斯潘领导的美联储的呵护之下，美国经济持续繁荣，纳斯达克指数的泡沫越吹越大，一直到 2000 年 3 月。

格林斯潘早年在纽约最好的艺术学院茱莉亚学院学习管弦乐器。虽然后来他选择了不同的职业生涯，并获得了巨大的成功，但内向的个性让他在各种政治场合里都显得格格不入。然而，正是这样一个害羞腼腆的音乐家，却在复杂的美国政坛上表现出超人的政治智慧。否则，我们如何解释他成功游走于共和党和民主党之间近 20 年？格林斯潘的政治情商，从他与市场沟通的方式上就可以看得一清二楚。比如，他与市场沟通货币政策的时候，措辞总是模棱两可的，不同的人可以听出不同的含义，可以有不同的解释。在格林斯潘退休之后，他的传记书作者问他给出这样模糊的措辞是不是有意为之，格林斯潘很坦白地说："那当然。否则我怎么能保持央行的政治独立性，还要让大家都满意呢？"格林斯潘的沟通如此含混不清，以至市场当年不得不从这位大师言谈举止中的蛛丝马迹来解读美联储的货币政策。当年，一个被市场广泛接受的解读就是，当格林斯潘拿着一个鼓鼓囊囊的公文包进入会场的时候，他一定是随身带着很多文件，所以一定是有很重要的政策要宣布。后来，在格林斯潘退休之后，有人问他当年市场的这个解读是否正确时，格林斯潘笑着说："其实那得看我太太那天有没有给我打包午饭。"当被进一步追问是否带了午饭就表示工作很繁忙，意味着将要宣布的政策很重要时，格林斯潘笑而不语。

央行明显的货币宽松倾向从格林斯潘就任时就正式开始了，并且一发不可收。美联储坚持的理性预期理论和市场投机理论在市场泡沫破灭后的政策选择都是一致的，也就是要大幅放宽货币政策，帮助市场尽快修复，重新回到上行的趋势。然而，美联储在泡沫产生之前对于资产泡沫的绥靖政策，不仅使泡沫破灭后需要进行的宽松货币政策的力度越来越大，还使经济离最优的均衡点越来越远，在次优的均衡点上则越陷越深。在这个次优的均衡点上，社会资源并没有被充分分配和利用，从而直接导致了消费不足和社会贫富悬殊的现象，并且这种现象不断加剧。

如前所述，央行的货币政策并不能改变企业家对于实业投资回报的预期，这个预期是由实体经济里的投资机会决定的。央行的货币政策可以做到的，只是要不断降低投资回报的门槛，让很多之前在利率更高的情形下无法投资的低质量的项目可以获得投资，比如美国的页岩气行业。同时，不断下降的市场利率也让很多市场里本应该破产的“僵尸企业”得以苟延残喘，比如在2020年新冠肺炎疫情中暴露出来的一系列不得不动用美联储借款便利的企业。投资于低效甚至是无效的项目，只能维持整个实体经济的规模以资金成本增加的速度扩张，并不能提高生产效率，社会也无法进步。众所周知，当一个企业的投资回报等于其资金成本的时候，企业账面价值的变化就等于投入的资金。投入一块钱，企业账面价值就增加一块钱，而并非多于一块钱。这种增长是用钱买回来的，对于整个社会经济的增长来说，也是如此。利率的确可以降到零以下，但这时社会整体的生产力水平并没有得到提高，而投资和储蓄的奖惩机制却被扭曲。社会顶层由于资源丰富，可以尽情地享受低利率的优势来积累财富，不断地剥削工人的剩余价值，所以社会越来越分裂。同时，由于社会顶层的消费倾向低于社会中层和底层，也就是说，社会顶层人群的消费相对于他们的收入的占比，比社会中层和底层的人群要小得多。这个现象进一步加剧了有效消费不足的产生。

想象一下，一个实体经济里，90% 的底层人群与 10% 的顶层人群平均分配国民收入——90% 的底层人群获得 50% 的国民收入，同时 10% 的顶层人群也获得 50% 的国民收入。这就是美国社会的现状。许多其他国家社会贫富悬殊的现象虽然没有那么严重，但是也和美国类似。对于社会里 90% 的底层人群来说，收入的增长持续落后于他们劳动生产率的增长。在这样的经济体里，供给一定是经常过剩的。这是因为缓慢的收入增长无法刺激需求，同时快速提高的劳动生产率则使供给不断增加。最终，市场商品价格将会下跌。因此，严重并日益恶化的收入不均是全球经济在复苏了近 10 年之后仍然受到通缩威胁的最主要原因，也是不断实施宽松货币政策的恶果。

2014 年以来，工人工资的增长速度似乎开始超过劳动生产率的增长速度，通胀压力也在静静爬升。然而，收入不均的恶化抑制了通胀上升的速度，这让央行官员有更多的余地去做量化宽松试验。这样温和的通货膨胀以及极度宽松的货币政策，意味着财富集中的程度比收入更甚，使资本市场更容易出现泡沫，而经济、市场对于利率的微小变动也更脆弱。美国的收入不均已经接近两次世界大战和大萧条之前的水平。如果以史为鉴，社会巨变似乎将至。历史上，在这些灾难性的事件发生之前，收入不均的现象都持续了很长一段时间，并保持着相对稳定的状态。如果没有主动的社会体系改革，收入不均就将在未来一段时间里维持现状。2020 年的新冠肺炎疫情无情地揭露了美国社会贫富差距过大的现状，美国还掀起了“Black Lives Matter”（黑人的命也是命）的社会运动。

能够让美联储有不断实施宽松货币政策的空间，除了不断下行的弱通胀，甚至通缩的压力，还有美元作为全球储备货币的特殊地位。美元作为储备货币的地位让建立在美元债务基础上的货币宽松形成了闭环。理论上，美联储的资产负债表是可以无限扩大的。因此,美国的负债不同于新兴市场的许多国家，是本币美元负债,而非外币负债。只要美元保持储备货币地位，美国的负债能力在理论上就是无限的。这个与许多西方观察家看到中国 2009 年之后负债的急剧飙升而唱空中国，最终却失败的原因是一样的 —— 中国大部分的负债也是本币负债。只要中国人民银行拥有印发人民币的权力，那么中国的负债能力在理论上也是接近无限的，更遑论中国这么多年以来积累的巨额储蓄了。与日本 20 世纪 90 年代之后的状况类似，中国有着丰厚的储蓄和印发本币的能力。

当然，负债也不是毫无成本的。负债不断上升，即使利率不断下降，利息的负担也在不断上升，还有到期的本金。维持负债规模，不让其崩塌，主要是通过增加税收，以及货币贬值和通胀实现的。显然，增加税收虽然是一个可行的解决方案，但它也是最不受欢迎的政策，尤其是对富人征税，这样的政策一定会遭到选民的一致反对。如果当不上总统，即便有增加税收的豪情壮志，也是枉然。所以逻辑上只剩下另一个选择，就是货币贬值和通胀。通胀可以让未来等值的债务的实际负担悄悄减少。因此，一直以来，通过通胀来减轻债务负担都是一剂良方。由于部分美债的持有人是外国主体，美元贬值意味着这些主体手上持有的美债的价值相较于之前有所减少，所以美国政府的债务负担也就由此减轻了。

这个政策选择，只是一种两害相较取其轻的做法，也必将损害美元信用。自从 20 世纪 70 年代脱离了金本位制，美元的购买力已经下降超过 90%，美元信用其实受到了极大的破坏。欧元的崛起和人民币未来的国际化，都是美元信用下降的折射。从美元自身的周期来看，美元已经开始进入一个走弱的周期，美元开始贬值的趋势随着美联储无底线的印钱越发明显。在 2020 年 4 月 CNBC（美国消费者新闻与商业频道）的一次专访中，现任美联储主席鲍威尔详细讨论了美联储的货币政策选择。主持人问鲍威尔如何实施他的宽松货币政策，鲍威尔说："其实我们就是在印钱。理论上，美联储可以无限印钱，并发放到美国人的手里。"这个回答与之前格林斯潘对于宽松货币政策的回答相比，已经再没有任何的掩饰。甚至在伯南克时期和耶伦时期，为了稳定市场波动，帮助经济增长，他们还用了

“量化宽松”这种技术名词来做掩护，隐瞒美联储真实的货币政策动机。到了鲍威尔时期，美联储已经觉得没有任何掩饰的必要了。或者鲍威尔切身地感受到来自特朗普总统和其他政客的政治压力，美联储完全失去了政策独立性。

格林斯潘在任的时候，市场问他的货币政策是如何构思形成的，他回答说：“有的时候是早上上班前泡在浴缸里想出来的。”这是一种令人耳目一新的构思政策的方法。曾经，阿基米德泡在浴缸里想出了浮力定律，格林斯潘也很应景地泡在浴缸里想出了如何“放水救市”的政策。格林斯潘在学术和市场方面的成就毋庸置疑。然而，由于以美联储为代表的央行官员偏好宽松货币政策，经济周期的起伏愈演愈烈，市场泡沫越发严重，社会分裂越发悬殊，美元的国际地位没落也逐步揭幕。

第 一 章

沉寂的风险

未来就孕育在当下。

——伏尔泰

美元体系隐忧渐显

想象一下，在一个以美元为主导的世界经济体系里，大宗商品如原油、黄金等都以美元定价，商品交换以美元为媒介，各国央行以美债和小部分黄金作为储备资产，随着过去 40 年美联储不断降低基准利率，美元随之系统性地贬值，表面上非美国家以美元举债的成本似乎越来越低，美元债务体量因此越来越高，但以债务总量和 GDP（国内生产总值）的比例来计算，全球的债务负担在低利率的环境里越发沉重。低利率成为负债的借口，而非解药。

在这样一个世界里，当系统性风险间歇性飙升的时候，出于避险需求买入美元导致美元升值，非美国家以美元计价的债务负担加重，全球系统对于美元的需求因而进一步上升，以美元定价的各类资产则因美元升值而价格暴跌。这时，作为全球流动性系统的“最后守护人”，美联储不得不重启印钞机，为全球金融市场注入美元流动性。然后，市场风险消退，利率舒缓，美元走软，新一轮美元的债务周期又重新开始。在这个系统里，由于美国财政部和美联储垄断全球安全资产的供应，其他各国不得不臣服。

如今，全球利率水平已经到了史无前例的最低点。2020 年 4 月以来，由于原油价格暴跌、全球经济衰退，市场对于通缩的预期快速升温。也就是说，市场对于美联储在未来很长一段时间内维持零利率，甚至极有可能走向负利率开始产生强烈的预期。前文讨论的美元体系的循环，只是一个建立在历史经验观察之上的合理推论。然而，从来没有人见过美元负利率。因此，以往的历史经验并不能够告诉我们，在美元负利率的情况下，上述的美元循环体系是否仍然成立。在未来的岁月里，我们将在未知的海域航行，只能依靠逻辑推论作为我们的航海仪。

现有的以美元为主导的全球经济体系的关键之一是美元信用。过去，美国为了享受美元作为全球各国首选的储备货币所带来的益处，不得不消耗大量资源在全球布局，构建美元体系。为了维护美元信用，美国在全球派驻军队，不时出兵插手别国内政，以维护和平之状巩固其世界霸权。同时，在全球金融市场出现系统性风险的时候，美联储也不惜放任美元贬值，通过印钞注入美元流动性。

然而，在特朗普当选美国总统之后，他更在乎的是美国与别国短期的双边博弈，从而为美国争取短期的单边利益。特朗普的这种全球策略，逐渐改变了美国之前和全球社会合作共赢的关系。特朗普的“交易的艺术”的确为美国争取了许多短期的表面利益，比如建立了美墨边境之墙，修改移民法案，退出《跨太平洋伙伴关系协定》和《北美自由贸易协定》，欲强迫欧盟为美国驻军北大西洋公约组织支付军费，等等。但全球经济体系的支柱——美元信用，却正在被特朗普的这些短视之举逐渐消耗（见图 1.1）。

在之前的全球金融体系里，美国不断降低利率，导致美元贬值和以美元定价的资产升值，并以此创造全球非美国家对于美元资产的需求。在这样的系统里，只要美元信用不被根本动摇，系统的自我循环似乎可以不断延续——美国似乎创造出了传说中不可能出现的、永不停歇的永动机。然而，这也是一个美国通过美元体系不断向外国转嫁危机成本的系统。因为在这样的系统里，只有美联储能够创造足够的“安全资产”，来满足各国对于美元资产的需求——只要在这个系统里交易，各个系统参与者就必须要持有美元，所以就会产生对美元资产的需求。每一次危机，对于美国来说，反而成了其巩固美元霸权的机会。基辛格曾说：“掌握了石油，你就掌握了一个国家；掌握了粮食，你就掌握了一国的人民。”可以讽刺地补充一句：掌握了美元，你就掌握了整个世界。

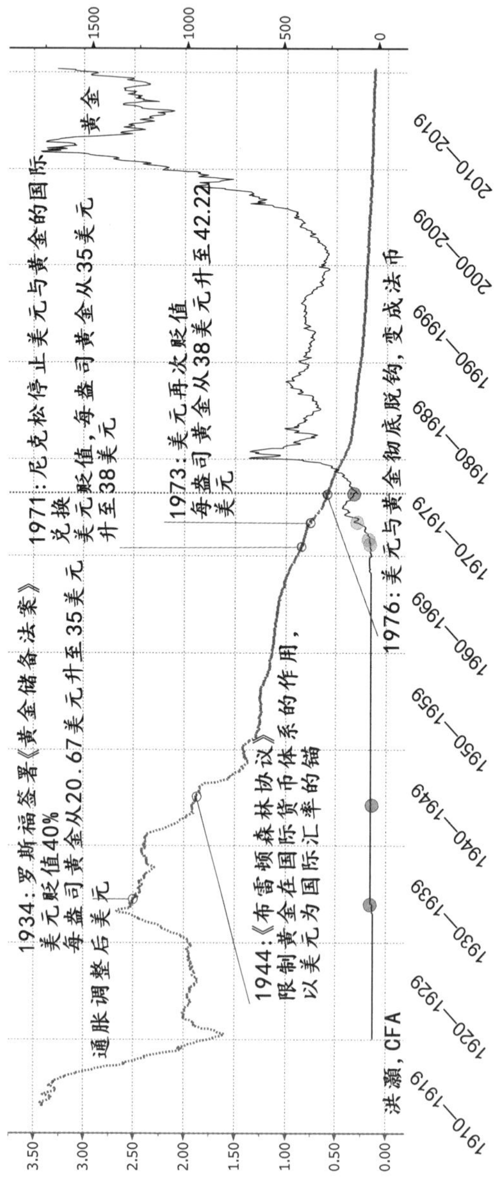

图 1.1 美元信用被不断消耗，体现为黄金价格不断飙升

注：美元指数（左轴），黄金价格（右轴，美元每盎司）。

数据来源：美国劳工统计局，彭博，作者计算。

在图 1.2 中，我对比了 20 世纪 60 年代以来美元和美国 GDP 增速的长期走势。我对两个经济变量做了一些量化处理，进行了周期性的计算调整，用我的短、中周期的 3.5 年和 10.5 年（3 个 3.5 年）的周期长度来度量两个变量的长期变化趋势（我将在后文详细讨论我的周期嵌套理论）。从图 1.2 中可以清晰地看到，美元和美国 GDP 增速从长期趋势来看是在下行的，并体现出密切的相关性。虽然相关性并不一定就是因果关系，但根据历史数据和图形，我们可以推论的是，美元是美国相对竞争力的体现。而这个相对竞争力，正随着美元的泛滥而被不断削弱。

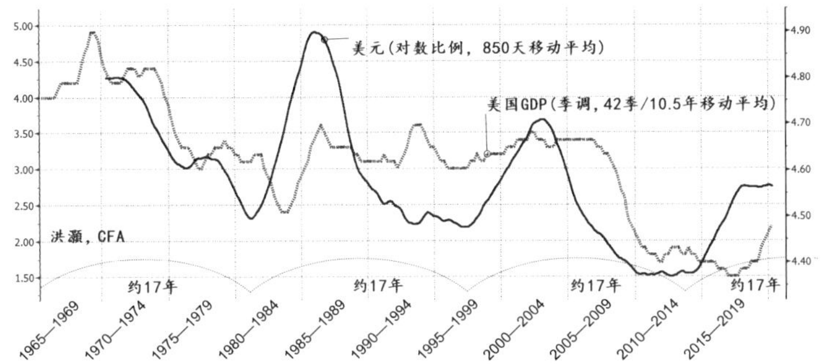

图 1.2 美元和美国 GDP 增速的长期下行趋势：越来越低的高点和低点

注：图中的美元汇率走势是对数比例（左轴），并计算了 850 天移动平均。美国的 GDP 增速（右轴）是季调后的季度数据，再计算 42 个季度，也就是 10.5 年的移动平均。850 个交易日约等于 3.5 年，3 个 3.5 年的短周期等于一个 10.5 年的中周期。对于这些周期持续的时间长度，以及中短周期如何互相嵌套，会在后文关于周期的讨论里详解。

数据来源：美国经济分析局，彭博，作者计算。

简单地说，如果一个系统只能依赖大量提供美元流动性来缓解经济周期中按照一定频率出现的经济危机和金融危机，那么从长期来看这个系统的美元供应量相对于需求肯定是过剩的。这是因为危机之后，系统多增的美元并没有被回收。这体现在美联储的资产负债表的不断扩大，尤其是在危机时期的剧烈扩大，一如 2008 年和现在。国际清算银行的数据显示，美元在全球支付系统中所占的百分比并没有下降。但是，美元信用的弱化最直观的体现，是美元汇率长期不断贬值。图 1.2 中的美元汇率长期趋势性下行，体现在它的峰值和谷底长期都在不断下降。现在，这个美元信用周期的重要指标，再一次运行到了这一轮周期的顶部峰值。

当下，在美联储基准利率预期即将转负的环境里，市场中的一个新的货币经济理论——现代货币理论甚嚣尘上。如果上述系统循环在美元负利率环境里可以持续，那么现代货币理论将颠覆传统的货币经济学理论。然而，这个系统循环取决于几个重要的条件：美元信用的维持，经济体量的增长远远快于债务膨胀的速度，以及经济增长率远远高于利率。上文提到，长期的历史数据证明，美元信用正在长期趋势性下降，逻辑上心甘情愿持有美元资产的人将越来越少。比如，2020 年 3 月以后，美国财政部为了刺激经济而发行的新的美国国债，大部分都是美联储自己购买的。同时，2020 年以来，中国和俄罗斯都大幅减持了美国国债。因此，美元债务的发行很难再像以前那样无缝衔接了，利率最终将会回升。如果美元债务膨胀的速度远远快于美国经济体量的增长，或者经济增速远低于美元利率，那么这样的实体经济的举债行为对于其经济发展来说是不会产生任何实际的经济效益的，甚至会产生负面的经济效益。

美国现在正处于借新债滚旧债的阶段，也就是明斯基定义的信贷周期里借新还旧的第二阶段，并且正在慢慢地向第三阶段庞氏骗局迈进。可以想象，这些新增的、为了应对危机的负债，是很难有生产效率的。或者说，债务的增长并不对应着生产性资产的扩大和社会生产力的提高。显而易见，这样的负债是无效的。它维持下去的唯一逻辑，就是假设美国可以“大而不倒”，归根结底也就是美元信用的问题。不幸的是，虽然美元信用的矛盾已经浮现，但很难预测这个矛盾到底什么时候会全面爆发。宏观的变化刚开始往往是难以觉察的，并以缓慢的速度逐渐发展，直至最后以山崩地裂之势突现眼前。

新冠肺炎疫情之下市场预测的方法和结果

2019 年末，距离 1929 年的大萧条正好 90 周年，距离 2009 年的大衰退正好 10 周年。这时，一场影响全球的疫情正在悄悄暴发，逐渐蔓延。最后，全球几乎都受到新冠肺炎疫情的影响，陷入了1929年大萧条以来最严重的经济衰退。在2020年4月短短的4周内，美国的失业人数就超过了2000万，瞬间抹去了2009年大衰退以来10年里创造的就业岗位。在2020年5月，美国的经济数据甚至还在恶化。全球市场对于这次突如其来的经济危机的反应异常剧烈。主要股指下跌的速度和烈度，都超过了1929年股市暴跌的第一阶段。危机前曾被认为是美国经济历史上最长的一次经济扩张和最长的一波牛市，在短短的几周之内就变成了历史上最暴烈的熊市。

由于市场超预期暴跌，市场对于这次危机的共识是：这是市场历史上最大的一只“黑天鹅”。然而，事实却并非如此。学者对于“黑天鹅”事件的研究由来已久。早在公元2世纪，古罗马诗人朱文纳尔就描写过一种“地球上非常稀有的鸟类，就像黑天鹅”，这是对于类似“黑天鹅”概念最早的描述。学界普遍认为，“黑天鹅”这个词条便由此而来。一般来说，“黑天鹅”事件有三个特征：非常罕见；影响严重；无法预测，只能事后回溯才能反应过来。这次新冠肺炎疫情只符合“黑天鹅”事件的三个特征中的一个——它对于经济的影响的确非常严重，如前所述，全球经济因此陷入了大萧条以来最严重的衰退。然而，其他两个特征——非常罕见和无法预测——其实并不符合。

冠状病毒其实是一个大的病毒群组，在日常生活中并不罕见，每年春季暴发的流感就属于这种病毒。因此，在新冠肺炎疫情初期，很多人认为这只是流感的一种。2003 年肆虐中国的“非典”病毒，2009 年在美国暴发的 H1N1（甲型流感病毒），2012 年在沙特阿拉伯发现的 MERS（中东呼吸综合征）病毒，都属于冠状病毒。在这次疫情初期，由于对新型冠状病毒并不十分了解，很多人都将其与 2003 年的“非典”病毒进行类比。然而，“非典”病毒一般是病人到了发病症状比较明显的后期才开始传染的，因此比较容易发现并控制。而对于新型冠状病毒，病毒学家后来才发现，虽然这种病毒的死亡率远低于“非典”，但是它的传染性极强，可以通过空气、接触、气溶胶等媒介传染。后来甚至发现，新型冠状病毒居然可以无症状传染。美国纽约的一次病毒检测发现，被检测的人中有 50% 以上都带着病毒，但很多人并无相关症状。美国监狱中对囚犯的病毒检测发现，大部分囚犯的检测为阳性。由于人类社会过去 20 年暴发过数次大规模的冠状病毒疫情，所以本次疫情的暴发，虽然发生得很突然并影响巨大，但是并不罕见。

那么，新冠肺炎疫情对于经济的影响是否可以预测？在回答这个问题之前，让我们先定义一下“是否可以预测”这个概念。预测的结果往往不是百分之百准确的。因此，在做预测的时候，更重要的是以合理的逻辑推演出几个场景，以及每个场景可能导致的结果，并给每个场景做一个出现概率的评测。我们一般提出的预测，是那些可能场景里的一个或几个最可能发生的，也就是出现概率最大的场景。

在投资预测里，我们一般会推算每个场景将产生的回报，并乘以相关的概率以进行预期值的计算。这就是为什么那些每天都斩钉截铁地宣告将会发生什么的人，其实并不是一个好的预测者，因为那样的预测其实根本就是不可能的。预测者一般会提出最可能的场景，并用一些限定词，如“可能”“很可能”“非常可能”“大概率”“将要”等，来逐级表达预测者对于场景出现的信心。“很可能”“非常可能”的事件出现的概率应该是在 3/4 以上的。而“将要”的事件出现的概率就基本上接近百分之百了。出现概率为百分之百的事件并不常见，但在我回国正式研究中国市场的 10 年里还是时有发生的。比如，2013 年 6 月中国货币史上史无前例的“钱荒”事件；2015 年 6 月中国股市泡沫破灭；2018 年第四季度美股阶段性见顶，并随后以暴跌迎接大萧条以来最差的圣诞节；2020 年 3 月全球市场历史性的暴跌。在这些重大的市场危机发生前，我都曾为投资者提前预警。这些预警在我的微博上，以及我的研究报告里都有详细的讨论和记载，有些预警甚至精确到了事件发生的当天（在后面章节讨论预测的时候，将以实际案例进一步详细讨论）。

我比较了20世纪70年代以来，铑金属的现货价格见顶和经济衰退、危机出现的时间节点。自20世纪70年代起，每一次铑金属价格飙升见顶的时候，严重的经济危机就随之而来。这个规律的出现，主要是因为铑是处理汽车尾气的重要材料。一般来说，对于像汽车这种大型可选消费品的需求，在经济周期见顶的时候将明显回落，从而导致铑的价格见顶暴跌。换句话说，铑这种金属，由于其需求具有极度可选性，所以对经济周期的运行非常敏感，可以说是经济周期的一种另类指标。2020年1月13日，我在微博上分享了关于这个研究的一张有趣的图（见图1.3），图中显示了2004—2020年铑的价格、李宁股价和美国12个月内经济衰退概率的相关关系。

图1.3 铑的价格、李宁股价和美国12个月内经济衰退概率=100%

注：李宁股价（左轴外，港元），美国12个月内经济衰退概率（左轴内），铑的价格（右轴，美元每盎司）。

数据来源：庄信万丰，彭博，香港交易所，作者计算。

当时，有人认为现在新能源汽车的发展使处理汽车尾气的需求减少，因此铑作为一个另类的经济周期指标的作用也将减弱。然而，2019 年新能源汽车销量只占汽车总销量的不到 5%。因此，铑的需求和价格仍然可以作为经济周期的先行指标。2020 年 1 月，在全球市场继续涨势汹涌的时候，这个另类指标提前预警了经济衰退的风险。

在图 1.3 中，我把铑的价格与彭博的一组金融、经济数据结合起来，推算美国经济在 12 个月内衰退的概率，并将其与在中国香港上市的、著名的体育用品公司李宁的股价做了对比。可以看到，这 3 个变量在过去 10 多年里的相关性非常强，几乎同时见顶和见底。在当前的这个周期里，铑的价格和李宁的股票价格都在 2020 年 1 月末见顶并大幅回调。新冠肺炎疫情在全球暴发之后，彭博估算的、美国 12 个月内经济衰退的概率上升到了 100%。在 2020 年 4 月短短的 4 周内，美国的失业人数超过了 2000 万，一口气抹去了 2009 年大衰退以来的 10 年里创造的就业岗位。虽然部分失业或许只是暂时性的，尤其是服务行业，但是新型冠状病毒很可能将永远改变我们的生活方式。部分岗位即使不是永久性消失，也会持续很长一段时间。比如，在 2001 年“9·11”恐怖袭击事件之后，美国国内的航空客运量在 7 年多之后才回到 2001 年的水平。

当然，对于经济的预测并不能仅仅依赖于一个或少数几个另类的周期指标，那样做显得有些太儿戏了，也会因为论据过于单薄而很难说服大众。我的经济周期运行的量化模型，是一个建立在多组综合的经济和金融市场数据上的合成的量化模型。2020 年初，我的经济周期模型预示着 2020 年的下半年至 2021 年的上半年将是经济中周期见顶回落的关键时间窗口。由于这将是一个高阶级别周期的拐点，所以在拐点到来的时候市场的表现形式将尤其剧烈。这些对未来的经济周期见顶的预警，在 2020 年初市场一片看好唱多的声音里，显得非常另类，甚至格外刺耳。而这些对于未来谨慎的预测，和当时铑的价格逐步见顶的现象吻合。

当然，我作为一个预测者，也没有想到新冠肺炎疫情的暴发似乎让经济周期的运行加速见顶。中美两国作为全球经济增长的双引擎，经济发展骤然失速。美国经济下行的速度比 20 世纪 30 年代大萧条时期更快。而中国 2020 年第一季度 GDP 增长速度的下降，是 20 世纪 90 年代有数据以来最快的，甚至比 2008 年全球金融危机时还要快。有人说，新冠肺炎疫情终结了经济周期的扩张阶段。然而，我的经济周期预测模型显示，无论有没有新冠肺炎疫情，当时的经济周期都已经逐步见顶。新冠肺炎疫情只能说是一个催化剂，它充分暴露了现阶段经济周期的各种矛盾，让市场里所有的参与者都不可避免地暴露在它的冲击波之中。

以上是我的模型在 2019 年底到 2020 年初对经济周期运

行的判断。对于2020年2月以来全球市场走势的预判，我也在微博上提前做了预警。2020年2月15日，我曾一口气连续分享了3条微博，以市场价格在不同的周期顶部分形走势的极端相似性，预警了未来两周内市场将出现暴跌。当时，我在微博上比较了微软的股票价格在2000年互联网泡沫见顶时期和现在的走势，以及纳斯达克指数在1999年10月到2000年3月互联网泡沫破灭之后和2019年10月到2020年2月的股票价格走势。那天，我在微博写道："虽不提倡以分形走势作为决策依据，但历史上最著名的、以分形走势做出历史性决策的案例，是保罗·都铎比较1929年和1987年美股走势后，'狙击'1987年10月的黑色星期一（当然，他当时的分析有瑕疵）。美股现在的仓位、期权交易、市场情绪非常极端，看看特斯拉。两周左右，回调风险即将飙升。"

这个对于市场暴跌的预警，基本上把时间都计算出来了，属于我之前讨论的"大概率"要发生的预测范畴。当时，美股极端的情绪、仓位、估值，以及期权市场的交易情况，都预示着市场暴跌即将展开。而新冠肺炎疫情在全球的蔓延，成为最明确的市场暴跌的催化剂。2020年2月20日，在我预警约一周之后，美国市场开启了史诗级别的暴跌。

百年变局

1929年大崩盘

1929 年的大崩盘发生在 20 世纪 20 年代后期股票市场投机热潮之后。在 20 世纪 20 年代后期，钢铁生产、建筑施工、零售、新车登记，甚至铁路收费都不断增长。在 1929 年的前 6 个月中，500 多家制造和贸易公司的合并净利润，比 1928 年上半年增长了近 40%，刷新了 1928 年上半年利润的增长纪录。钢铁行业股票价格翻倍，领先大市。当时市场的暴涨引发了越来越多的股市投机和炒作，导致成千上万没有投资经验的美国人纷纷跻身于股票市场。这些新手中有很大一部分是借钱融资入市的。到了 1929 年 8 月大崩盘前夕，股票经纪人通常向散户提供 3 倍以上的杠杆。当时，市场上的股票融资贷款超过了 85 亿美元，比当时美国全部流通的货币总量还要多。

1929 年年中，小麦的丰收导致这种重要的粮食作物的价格开始下跌。其他许多重要的经济先行指标也开始放缓，甚至下降，包括汽车销量、房地产销量和钢铁产量等。农产品价格和工业产出的下行削弱了美国市场的信心，美国股市在 1929 年 9 月 3 日达到 381.17 的峰值，然后开始摇摇欲坠。到了 9 月底，市场其实已从最高峰下跌了约 10%。到了 10 月，市场抛售加剧，大部分暴跌的日子里穿插着几天短暂的技术性反弹。从 10 月 21 日的那一周开始情况剧变，大规模的恐慌性抛售出现在 10 月 24 日、28 日，并在 10 月 29 日的“黑色星期二”加剧，达到股市大崩盘的高潮。

在经历了 1929 年大崩盘之后，世界各地的股票市场出台了一些熔断措施，希望在市场出现暴跌的情况时暂停交易，防止恐慌性的抛售。然而，1987 年 10 月 19 日的“黑色星期一”，道琼斯指数单日暴跌 22.6%。2020 年 3 月 16 日的“黑色星期一”，道琼斯指数再次在一天内暴跌 12.9%。这两个“黑色星期一”市场的崩盘，都比 1929 年大崩盘时单日的跌幅要大，尽管 1929 年 10 月 28—29 日的总跌幅仍是有史以来最惨烈的两天内的总跌幅（见图 1.4）。

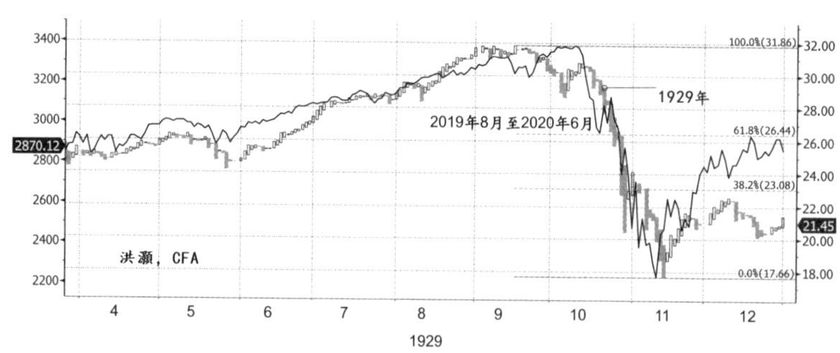

图 1.4　标普指数在 1929 年和 2019 年 8 月至 2020 年 6 月的走势比较

注：1929 年标普指数（右轴），2019 年 8 月至 2020 年 6 月标普指数（左轴）。数据来源：彭博，作者计算。

在 1929 年大崩盘之后，人们对美国金融系统的信心尽失。

从 1930 年秋天开始，美国南部各州出现了银行挤兑的现象。随后，挤兑潮愈演愈烈，一直持续到 1932 年冬季。1931 年秋天，一次做空英镑的偷袭使英格兰银行无法偿付英镑兑黄金的承诺，英国不得不暂时放弃金本位制，金融危机恶化。在金本位体系中，一国货币的价值与黄金挂钩，美国民众开始担心美国也会脱离金本位制，许多人开始从银行提现，并将钱转换成黄金。这种挤兑银行的行为直接导致了更多银行破产，并迅速消耗着美国的黄金储备。

1933 年，罗斯福在总统大选时压倒性地战胜了共和党对手、竞选连任的胡佛总统。3 月初上任后，罗斯福立即宣布了全国的“银行假期”，关闭美国所有银行，直到通过联邦检查确定它们的偿付能力后，才能重新开张。同时，罗斯福呼吁国会制定新的紧急银行法，以进一步援助陷入困境的美国金融机构。

1933 年 3 月 12 日，也就是上任后大约一个星期，罗斯福开始了他的所谓“炉边谈话”，通过收音机直接和美国民众对话。在第一次“炉边谈话”中，罗斯福讨论了银行危机，解释了关闭所有银行背后的逻辑，并指出：“你们投票选出来的政府不打算重复过去几年的历史。我们不希望，也不会再有大批银行倒闭。”罗斯福还说道：“朋友们，我可以向你们保证，将钱存放在重新开张的银行里要比放在床垫下更安全。”大萧条时期，美国还成立了联邦存款保险公司，旨在保护银行存款人的利益，以确保民众对美国银行体系的信任。这一系列的措施帮助人们恢复了对美国银行系统的信任，终结了当时挤兑银行的恐慌。

大崩盘前市场的暴涨鼓励了更多人参与市场投机，进一步推动股票价格上涨和市场泡沫。由于很多股票仓位是融资买入的，如果市场下跌，甚至只要涨得不够快，投资者都将损失惨重。1929 年 9 月，标普指数市盈率是 33 倍，明显高于历史平均水平。经济学家约翰·肯尼思·加尔布雷思认为，这种非理性的市场繁荣导致许多人将积蓄投入当时高盛发售的一些加了杠杆的结构性投资产品中。最终，这些结构性产品在大崩盘中幻灭了，给当时美国的银行体系造成了相当于现在约 6000 亿美元的损失。难怪 1929 年的大崩盘给人们留下了如此深刻的印象。同时，1929 年的大崩盘也为如今市场的巨幅波动提供了一个非常好的参照物。

2020年大崩盘——中国市场揭开全球暴跌的帷幕

2020 年的全球大崩盘从中国市场开始。2020 年 2 月春节期间，中国 A 股市场休市。由于疫情的蔓延，海外投资者对冲风险的需求飙升，海外与中国相关的资产因而成了对冲工具。从 1 月 24 日到 1 月 31 日，这些作为中国大陆参照物的资产价格纷纷暴跌：恒生指数跌了 5.7%，恒生中国企业指数跌了 6.5%，富时中国 A50 指数期货跌了 7.1%，安硕富时 A50 中国指数 ETF（交易型开放式指数基金）跌了 7.6%。

当时，很多市场观察者指出，在 2003 年的“非典”疫情中，随着感染病例达到峰值，市场也同时见底并复苏。在其他疫情期间，市场也有类似的表现。例如，2009 年美国的 H1N1 疫情，感染人数过多，最终导致美国疾病控制与预防中心因资源有限而放弃记录疫情数据。然而，当时市场在 2009 年 3 月见底，在 4 月 H1N1 疫情暴发时回调，随后接着上涨。因此，当时市场中人们大都认为 2020 年 2 月 3 日星期一 A 股开盘后市场会快速寻底，然后走出类似前述几次疫情时的行情。对此，我们认为市场对于疫情期间行情的思考不够充分。

对于疫情发展的认知是不断更新的。尤其在 2003 年“非典”疫情期间，有关部门认清事态后，国际社会开始全程投入。2003 年 4 月感染病例的峰值基本和当年春节期间的病例峰值相当。同时，“非典”病毒的感染性是在病人有症状之后才开始暴发的，这种特征使“非典”病例更可控，在认清病源之后更容易厘清传染路径，疫情峰值的预测也相对更有效。然而，这次的新冠肺炎的传染性极强，潜伏期长，甚至出现了无症状传染。这些情况增加了疫情预测的难度。与其说“非典”疫情期间市场底部预见了疫情峰值，还不如说是疫情峰值的预测可靠性使市场见底。

同时，我们还需要看到“非典”和H1N1的疫情峰值也恰好在当时经济周期运行的底部。疫情暴发前，美联储为了应对2002年和2008年的美国经济状况已大幅降息。因此，到了2003年、2009年经济周期已经开始复苏。疫情的暴发只是暂缓，但并不能改变经济周期的运行趋势。如今，美联储资产负债表规模已达美国GDP的20%，全球利率已到最低，宽松的货币政策的经济效应已经开始收敛。与其说是市场无惧疫情蔓延，还不如说当年市场的上升得益于宽松的货币政策使经济复苏。

我们还应该看到，在2020年春节前中国A股市场的融资总额已经达到2018年1月的水平——恰恰是2018年全球股市大熊市的时点。春节前，A股基金经理的仓位也达到了近90%，周期股、创业板和小盘股都有过较好的表现。高杠杆、高仓位、高贝塔值是风险偏好过于旺盛的显著特征。当2020年2月3日春节假期后开盘，市场有机会计入疫情最新进展对市场和经济的影响时，当天的暴跌也导致了一些融资盘的平仓和高贝塔仓位的减持。

在2020年2月3日中国A股市场开盘前，我预测A股价格当天将大幅下跌5%~7%，达到春节期间前文提及的离岸参照物的价格水平，我认为这应该是大概率事件。在2月3日A股暴跌之前，我在微博的两篇交易随笔中都预警并讨论了这些情景，并一直坚持认为当时抄底离岸中国资产为时过早。

疫情对于经济的影响是很明显的。2020 年春节期间，旅游、娱乐和餐饮行业均受到了很大的冲击。同时，因出行和工期的限制，工业产出等也受到压抑。这些因素将严重拖累 2020 年全年 GDP 的增长。当然，我们也应对货币宽松有所预期。尽管疫情导致春节期间物价有上升压力，暂时限制了央行降息的空间，但存款准备金率可以继续下调，市场利率因避险的需求也应下降。以上因素，将导致上证指数的交易区间为 2500（最差）到 2750（基准）。这个交易区间的预测和我在 2019 年 11 月 19 日展望 2020 年的市场时预测的交易区间基本一致。最后，在 2020 年 2 月 3 日 A 股重新开盘之后，上证指数跌了 7.72%，收盘为 2746 点，与我开盘前预测的基准情景 2750 点基本一致。2020 年 2 月 3 日是中国股市 1997 年以来最差的开盘，也是 2015 年股灾以来最差的单日行情，同时揭开了 2020 年全球大崩盘的序幕。

从 2020 年 2 月 8 日开始，中国官方有关新冠肺炎疫情的数据显示：武汉新增确诊病例下降，湖北非武汉地区新增确诊病例下降，全国非湖北地区新增确诊病例下降，全国新增确诊病例下降，全国新增疑似病例转化数下降，全国新冠肺炎病死率稳定在约 2%。这些都是判断新冠肺炎疫情未来发展的根据。2 月 15 日后，全国新增确诊病例持续下降，湖北以外十一连降，新增疑似病例继续下降，医学观察大幅转负，全国非湖北地区传染率接近零。这进一步确定了2月8日是新冠肺炎疫情的拐点，中国市场长舒了一口气。然而，全球崩盘快要兵临城下了，市场却浑然不觉。

2月19日，中国人民银行小幅下调了回购利率，市场把此举看作央行开始开闸放水的第一步。在讨论市场时，人们认为央行要放水托底经济。但这些流动性根本进入不了实体，最后只能都去股市。然而，这样的论调，在每一次中国市场暴跌调整的时候，都不会缺席。细想一下，如果市场和央行都知道放水对实体无效，那么就不会放水。首先，虽然降准仍有很大空间，但降准不等同于放水。其次，如果央行放水，同时流动性的确进入实体，那么市场并没有太多额外的“水”来大幅抬升市场。再次，如果央行放水的确进入市场，而实体因此干涸，那么市场最终也只是无源之水。最后，市场会提前对央行将要放水托底实体的可能性有所反应。比如春节后市场开盘暴跌，但之后基本上完全修复跌势，因此央行放水托底实体的可能性应该已经计入了市场价格。毕竟，新冠肺炎疫情不可能对中国经济没有造成一点儿损失。

当然，建立在有瑕疵的逻辑上的交易也不是没有可能获利的。华尔街称之为“因错而对”。但是，仔细想来，这个“放水”的逻辑可能并没有反映市场的真实逻辑，只是反映了真实仓位。毕竟，当时基金仓位都很满，新基金认购火爆，散户群情鼎沸。美国股市的情绪也类似高涨，美国看涨期权净开仓的情况基本回到了 2007 年 10 月、11 月的水平；标普指数的市销率、美国科技股的超额收益，比 2000 年还高；市场回报的集中度向 2007 年 8 月左右看齐。

然而，到 2020 年 2 月底时全球一些国家经济的情况是：中国经济放缓；日本经济衰退，日本 GDP 的增长速度是 20 世纪 80 年代以来最差的；德国经济衰退。但纳斯达克指数、标普指数在历史最高点附近，中国抹平了新冠肺炎疫情时期的跌幅。有道是，物生谓之化，物极谓之变。

2020年大崩盘 —— 全球市场史诗级暴跌

2020 年 2 月 24 日星期一，全球史诗级的崩盘正式开启。周末期间，新冠肺炎疫情在全球大幅蔓延。意大利一夜之间发现 100 多例新增病例，成为疫情“震中”的恐慌感紧扣人心。意大利连夜封闭了十几个城镇，并召开央行紧急会议。道琼斯指数和富时 100 指数下跌超过 3%，德国 DAX 指数、巴黎 CAC40 指数和西班牙 IBEX35 指数均下跌约 4%，而意大利富时 MIB 指数更是下跌超过 5%。石油暴跌，黄金暴涨。十年期和三十年期美国国债的收益率分别降至 1.36% 和 1.81%。由于新冠肺炎疫情蔓延，国际货币基金组织下调全球增长预期，但当时我认为仍过于乐观。伦敦帝国理工学院的一份报告称，全球约有 2/3 的新冠肺炎病例还未被发现，“如各国要成功遏制这一流行病，进行隔离和病毒测试必不可少”。全球贸易活动水平在疫情前已是近十年最低。随着新冠肺炎疫情的蔓延，新的风险为全球供应链停摆、“脱中”。

2 月 27 日星期四，道琼斯指数狂泻 1200 点，美股三大主要股指均暴跌超过 4%。在 2 月 24 日那一周里，美国市场出现了一些非常极端的交易数据：除 1987 年 10 月的“黑色星期一”、2000 年 3 月的互联网泡沫破灭、2001 年 9 月的“9·11”事件和 2008 年 10 月的全球金融危机之外，那一周是第二次世界大战后最快出现 10% 回调的一次暴跌；VIX（波动率指数）恐慌指数飙升逾 150%，速度之快为有史以来的第四；美国十年期国债收益率屡创新低；科技龙头苹果的股价下跌 13%，微软下跌 12%，并发出盈利预警，特斯拉则跌了 25%。

对于如此惨烈的暴跌，市场极端而密集的持仓和极度亢奋的情绪已经提前给出预示。当时，由于许多重仓股跌幅超过 10%，很多大基金都被迫减持，以降低组合风险，并应对赎回的压力。这个过程导致市场价格动能极端负面，回报率连续负相关，出现超卖现象，并因此引发了更大规模的超卖。同时，机器交易更加剧了抛压。

市场当时已经大幅暴跌，前景非常不确定，市场情绪开始从极端乐观转为极度悲观。在这种情况下，即使短期内海外市场出现短暂的超跌技术性反弹，但情绪波动转瞬即逝，根据市场情绪变化去接“飞刀”也会非常危险。而试图买入看跌期权进行组合风险对冲的成本非常昂贵，市场的风险已经飙升。中国强制执行隔离措施，疫情得到有效控制，而西方政府的执行力则相对较弱。因此，在国外政府设定明确的应对策略，海外疫情出现可以预期的拐点之前，海外市场仍将受困。

同时，市场仍然低估了新冠肺炎疫情将对全球经济造成的影响。大部分分析都集中在对 GDP 增速的影响上，负面冲击估算为 0.5%~1%。很明显，这是不可能的。企业层面的流动性结构已经发生了变化，比如，当时美国信贷市场信用债发行为零，已经全面停摆，这种情况一般只有在公众假期时和大级别的危机中才会出现。同时，标普 500 企业中，当时有约 200 家发出与疫情有关的盈利预警或风险表述。全球的供应链也很快受到了冲击，比如，美国从中国进口的多种制药原材料开始出现供应短缺，口罩等医疗用品供应严重不足，等等。2 月 28 日，道琼斯指数再次暴跌近 900 点。

美国市场在经过了 2 月末最后两周史诗级别的崩盘后，投资者都以为可以暂舒一口气了。毕竟，自 1896 年以来，发生像 2020 年 2 月末这样级别的暴跌的可能性仅约为 0.1%。当时，市场下跌和 VIX 恐慌指数飙升的速度都是有记录以来最快的，并且美国十年期国债也处于历史最低水平。尽管如此，中国股市却在那两周的全球市场暴跌中挺了过来。在春节后的首个交易日出现历史性暴跌后，中国市场的主要股指到2月底已经收复了大部分失地，创业板甚至还创下新高——直到2月28日星期五，在全球股市遭遇历史性抛售之际，所有中国股指再次大幅下跌。

就在这个极度风险厌恶的时刻，我的机构客户让我推荐一些股票来对冲风险。作为一名谨慎的、2月中旬暴跌前夕就对崩盘发出警告的价值投资者，我小心翼翼地推荐了一些公司盈利前景良好、管理层执行力具有良好历史往绩的股票。客户满脸狐疑地扫了一眼名单说："但这些都是有盈利的优质公司。有盈利就有盈利被下调、低于市场预期的风险。我想要那些没有任何盈利的公司。没有盈利，就没有失望。"他的逻辑如此无懈可击，我竟哑口无言。

仔细想想，他的论点也不无道理。否则，如何解释在新冠肺炎疫情危机之际，创业板和中小企业板在2月底的强劲势头？与此同时，作为传统避风港的美元和黄金同时走软。武汉封城以来，病毒肆虐，但美国市场基本上保持了稳定——直到2月中旬疫情在全球扩散蔓延。从2月底到3月初，美国十年期国债收益率已跌至创纪录低点。

从逻辑上讲，在风险规避期间，安全资产的价格应该上升，因为这些资产承担对冲风险的作用，应会受到买家追捧。然而，在新冠肺炎疫情初期，一个非传统的对冲策略有秩序地游走于各种资产之间：创业板和中小企业板作为对冲中国主板风险的策略，美国市场作为对冲中国市场风险的策略，黄金和美元作为对冲美国市场风险的策略，美国十年期国债作为对冲美国/全球股市风险的策略。

读者可以注意到，随着新冠肺炎疫情的蔓延，对冲策略的范围在不断扩大。然而，美国十年期国债收益率创下了1%的历史新低，而个人消费核心通胀率为1.7%，到最后什么工具能对冲十年期国债的风险呢？过去十年见证了股债双牛，那些60/40的平衡投资组合表现得极为出色。在美联储基准利率为1.5%的时候，美国实际利率已经为负。2020年3月的这场全球市场风暴，可能也会使美国国债很快失去其终极安全港的地位。对于当时的市场来说，这才是一个真正的风险。

美国市场情绪和技术指标在经历了2月末的暴跌后极度低迷，看跌/买入比率、垃圾债券息差、股指成分股超卖比例和历史下跌速度都印证了这一点。然而，即使美国市场在3月初因此出现超卖的技术性修复，但如果新冠肺炎疫情的蔓延比人们担心的更严重，全球经济因为过度的隔离措施而陷入衰退，在拯救生命的同时又不得不阻碍经济增长，那么经济危机也就会随之而来。当时，我们注意到，美债收益率曲线又再次反转，这种反转往往会领先经济衰退最长可达18个月（见图

1.5）。因此，美国股指在最坏的情况下可以下跌一半甚至更多，而将要出现的技术反弹只是短暂的，本质上是技术性的。当时已经有现代货币理论者大肆讨论美联储将要进入负利率区间。如果当真会这样，那么这将是一场真正的灾难——因为美联储是全球最重要的央行之一，而美国国债是全球的避风港。如果美联储执行负利率政策，其后果和其他国家相比不可同日而语。3月2日，美股期货在盘前反复上下震荡3000~4000点之后，道琼斯指数飙升1300点，其中一半的涨幅来自最后一小时的交易。收盘的时候，美股三大股指均飙升约5%。

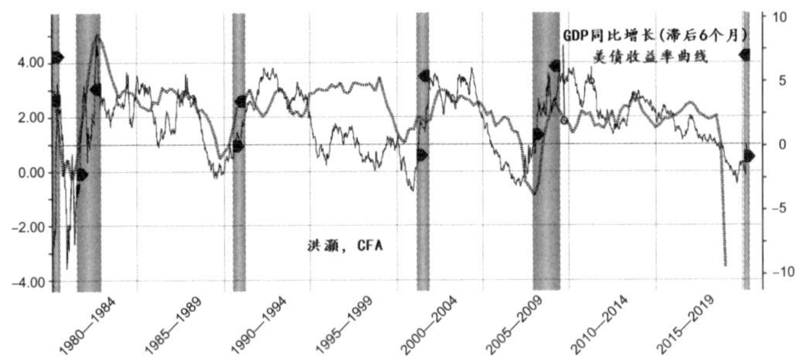

图1.5 美债收益率曲线再次反转，领先经济衰退最长可达18个月，经济前景堪忧

注：美债收益率曲线（左轴），GDP同比增长（右轴）。

数据来源：美国经济分析局，美联储，彭博，作者计算。

然而好景不长。2020年3月3日，标普指数期货再次经历了历史上最大的单日盘中波动之一。其他几次巨幅波动是：1987年10月的“黑色星期一”；2001年的“9·11”事件；2001年美国入侵阿富汗；2002 年 7 月美国推出《萨班斯法案》；2008 年 9 月雷曼兄弟倒闭，接着出现全球金融危机；2009 年 1 月美联储启动量化宽松；2011 年 8 月美国国债评级历史性首次下调。

面对美国市场史诗级别的波动，美联储宣布紧急降息 50 个基点。历史上其他紧急降息 50 个基点的情况包括：1998 年 10 月俄罗斯债务违约，长期资本管理公司倒闭；2000 年 3 月和 4 月互联网泡沫破灭后，两次降息 50 个基点；2001 年的“9·11”事件；2007 年 8 月开始的美国次贷危机；2008 年 1 月股市开始暴跌；2008 年 9 月雷曼兄弟倒闭。也就是说，只有在经济危机或泡沫破灭时，美联储才会如此降息。这次降息显得美联储被特朗普和市场牵着鼻子走，非常被动且时机过早。通过紧急降息，美联储似乎在确认经济因新冠肺炎疫情已经面临危机，或 2009 年以来形成的市场泡沫将要破灭。当时，市场认为在 2020 年 3 月 18 日的例会上美联储会继续降息，年内达到零利率。市场价格里的这些隐含预期，最后都变成了现实。

3 月 3 日当晚，美国十年期国债收益率历史上首次跌破 1%，创历史最低。美联储正在失去市场公信力，结果是灾难性的。在美联储宣布降息 50 个基点之后，市场认为美联储在 3 月 18 日的例会上再次降息的概率是 153%，也就是再降息 50 个基点的概率是 53%。这实在是太诡异了。如果美联储再降息 50 个基点，则仅仅是符合市场预期；但如果不降息，则会让市场失望。也就是说，从盘面上看，曾经万能的美联储居然被市场逼到了墙角。当然，交易员都知道这个概率是动态的，是从国债期货价格里倒推出来的。美债收益率如此极端，它隐含的信息也会同样极端。同时,特朗普从美联储的困窘中吸取了教训，表示自己不会用财政刺激，因为“美国经济对病毒有免疫力”。3 月 4 日，道琼斯指数期货盘前涨了近 600 点。然而，市场的至暗时刻还没有到来。

2020年大崩盘 —— 史诗级市场熔断

2020 年 3 月 8 日，为威慑俄罗斯，沙特阿拉伯启动石油价格战，油价一夜之间暴跌 20% 多，金油比史无前例地飙升。油价史诗级别的暴跌引起连锁反应：美国垃圾债价格，尤其是页岩气公司的垃圾债价格暴跌；美国金融系统稳定性风险上升；美国页岩气行业发展停滞，拖累美国经济增长；通缩预期上升，增加货币政策难度；石油美元继续萎缩；全球美元流动性紧缺。沙特阿拉伯企图以这种边缘博弈策略迫使俄罗斯重回石油减产的谈判桌。毕竟，沙特阿拉伯的石油生产成本是最低的。然而，这种极端的博弈也造成了附带伤害。

3 月 9 日，史无前例的熔断行情开始了，这天将被历史永远铭记。盘前，标普指数 ETF 已经暴跌 7.5%，准备熔断一级停盘。这是历史上第四次超过 5% 的跳空低开。前三次美股以如此幅度跳空低开，分别是 2001 年的“9·11”事件（-8.2%），2008 年格林斯潘评论信贷坏账狂潮（-8.3%），以及 2015 年的股市闪崩（-5.2%）。当天开盘后，美国股市自 1997 年亚洲金融危机以来首次触发熔断机制。与第一次海湾战争前后相比，前所未有的石油价格暴跌所带来的压力让市场难以承受。然而，尽管交易环境如此动荡，当天道琼斯指数收盘却仅略低于 850 天移动均线，而标普指数收盘则仅略高于该移动均线（在后文讨论周期的运行和预测时，我们将对这个周期时长进行详细讨论）。

简单地说，当没有出现严重的经济衰退时，美国股市往往会在 850 天移动均线附近找到支撑，即使是 1987 年那个著名的“黑色星期一”也无法击穿。然而，当出现严重衰退时，如 2001 年和 2008 年，美国股指则大幅跌破 850 天移动均线。因此，对于当时的交易员来说，美国经济的前景是一个关键的问题。市场交易员面临的情景有一个超出货币和财政政策范畴的因素——新冠肺炎疫情。中国对新冠肺炎疫情的控制给全球树立了一个积极的榜样，但其代价是经济活动暂停了一个多月。新冠肺炎疫情沿着传染路径，不同程度地影响全球各国。全球供应链一体化如此之高，以至所有国家和地区都必须进行无缝合作才能正常运作，缺一不可。

我当时的判断是，即使中国正在恢复产能，并很可能在

3月底或4月初完全恢复，但世界其他地区的情况可能并非如此，而中国也不能唱独角戏。或许许多人都没有考虑到供应链中断导致全球衰退的可能性。根据 Predictit（趋势预测平台）的预测，2020年3月美国经济衰退的可能性已经上升到65%。纽约联储对美国经济衰退可能性的估计，已升至历史上无法回头的水平。因此，我当时认为，投资者应注意这个超越了短期交易波动的衰退风险。3月10日，经历了一晚过山车行情后，美股尾盘再度雄起，三大股指均上涨近5%，道琼斯指数上涨超过1100点。然而，两天之后的3月12日，美股再次创下历史上第二大的单日跌幅。3月13日，美联储开始提供1.175万亿美元规模的回购。在3月12日近8个方差的史诗级暴跌后，美股于3月13日报复性反弹。标普指数飙升超过9%；纳斯达克指数上涨10%多；道琼斯指数暴涨2000点，其中1000点在最后尾盘30分钟内拉升。

许多人试图用全球央行协调合作进行货币宽松，来解释3月13日市场从崩盘边缘出现的历史性逆转。但我们都明白，货币和财政刺激措施对抗击新冠肺炎疫情收效甚微。在短期内，为了控制疫情的扩散，各国或将不得不封城；必须为中小企业提供紧急贷款和其他救济，以缓解它们紧张的营运现金流；同时还必须为民众提供大面积的免费病毒检测，以便迅速确定潜在的传染源。此外，随着时间的流逝，我们能做的只剩下祈福。

各国都纷纷效仿中国为抗击新冠肺炎疫情所采取的措施：西班牙和意大利封锁了整个国家，美国多个城市宣布进入紧急状态。特朗普 3 月 13 日的演讲让市场看到了一条对抗新冠肺炎疫情的明确路径。尽管未来仍有不确定性和挑战，但市场开始从绝望转向希望。根据中国的经验，这样的希望本身就有助于稳定市场，就像中国在春节后第一个交易日经历了历史性暴跌之后，市场逐步稳定下来。在全球市场稳定之后，尽管海外新增确诊病例将不断增加，但市场仍会继续恢复 —— 直到新增确诊病例开始明显持续下降，证实新冠肺炎疫情已经进入拐点。那时，市场将不得不重新回到基本面羸弱的现实。

我们对中国在全球金融风暴中“避风港”的地位有所保留。数据显示，2020 年 3 月，沪港通北上资金创纪录地净流出。在 2015 年 4 月，也就是 2015 年 6 月泡沫破灭前夕，以及 2018 年 2 月中国股市史上最剧烈的市场回调之一即将开始时，都出现过类似的北上资金出逃的情况，这些北上资金往往是“聪明钱”。同时，富时中国 A50 指数期货遭遇阻力。2015 年 6 月以来，该股指期货一直受困于一个区间。换句话说，在全球股市经历着史诗级暴跌的时候，中国是很难独善其身的。

总而言之，世界各国政府已经开始直面新冠肺炎疫情的严酷现实，并开始效仿中国对抗疫情的策略，阻止疫情蔓延。然而，隔离措施越有效，经济代价就越大。中国已经开始谨慎地复工。但从房地产销售、交通、发电和土地供应等数据来看，产能利用率仅为正常水平的一半，甚至更低。短期内，政府的决心，以及在极度恐慌的市场中进行的宽松货币政策，将引发技术反弹。但正因为市场可以在短期内从严格的隔离措施中获益，长期的经济前景也变得越来越阴云密布。

2020年大崩盘——全球各大央行空前宽松的货币政策

2020 年 3 月 15 日，美联储在例会前，意外地直接把利率降到接近零，全球六大央行史无前例地联手，用宽松货币政策抗击新冠肺炎疫情。当时，美联储决定直接降息 100 个基点到接近零，存款准备金率为零，启动 QE4（第四轮量化宽松），用 7000 亿美元购买国债，用 5000 亿美元回购。美联储全力以赴开闸放水之后，特朗普评论说美联储这样做让他感到非常兴奋，他还说“市场对此应该很开心”。然而，这是一种世界末日的感觉，因为美联储已经打完了大部分子弹，市场只剩下“裸奔”。美联储意外降息至零，以及全球六大央行联手“抗疫”的消息公布之后，美股期货再次熔断式暴跌。到了 3 月 16 日，欧洲股指纷纷抹去了过去 10 年的涨幅，美股开盘准备再次迎接短短两周内的第三次熔断。3 月 18 日，美国财政部部长姆努钦说：“我将马上给美国人寄现金支票。数字比媒体猜测的更大。”没有想到，伯南克当年设计的最后一招——“直升机撒钱”，竟然成为现实。

3月23日，标普指数期货开盘4分钟内熔断跌停。道琼斯指数期货暴跌900点。随后，美联储见势不妙，终于开启了史无前例、无限量、无底线的QE，开始购买市场上除股票之外几乎所有的信用产品——开放式购买国债、MBS（抵押支持债券）、债券ETF，为ABS（资产支持证券）、学生贷款、信用卡和小企业贷款建立了TALF（定期资产抵押证券贷款工具），还准备了小企业贷款。3月23日晚（美国东部时间，亚洲盘3月24日早上），美联储押上了全部赌注，全球市场一片欢腾。这是一个历史性时刻。假设流动性紧张的局面不能很快得到缓和，那么美联储的资产负债表很快就会扩张一倍。而美联储的资产负债表规模在几周内连续进行回购和商业票据操作之后，在不断地创造历史新高。

然而，美国股市最初并不买账，3月24日盘前美股期货熔断跌停，无限QE的消息出台后熔断涨停，然后再重启暴跌模式。道琼斯指数盘中最深暴跌了1000点。澳大利亚ASX200指数开盘暴跌8.2%，韩国KOSPI指数开盘暴跌6%，德国DAX指数期货暴跌7.2%。这种史诗级市场剧震行情，就连2008年全球金融危机的时候也无法比拟。此刻，每个交易员的心中都充满了莫名的恐惧：难道美联储已经黔驴技穷了？

当时，市场人士以美股在无限 QE 中暴跌为据，认为美联储已经黔驴技穷。然而，我认为这是市场人士以一个错误的指标，也就是股票市场，对美联储政策成败的误判。此时此刻，股票市场的定价模式被极端的情绪和技术面左右，必然有失公允。换句话说，股票定价的有效性，来自市场流动性充分适量。因此，在判断美联储政策是否有效的时候，我们应该反本溯源，看一下信用市场的情况。

美国市场当时的软肋之一，是它的投资级债券里评级最低的 BBB 级债券。过去几年，由于市场利息走低，所以一众美国企业在市场上低息融资以回购股票，就连苹果这样的企业，从几年前一分钱的债务都没有，到后来也发行了千亿美元级别的债券。简言之，2008 年的次贷危机，是因为借钱给信用不良的人群；现在的挑战，是因为借钱给信用不良的企业。由于这些 BBB 级债券是投资级别的，能在低收益率的环境里提供较高的收益，所以这些债券受到投资人的追捧，占美国企业债总额的近一半。然而，这些 BBB 级债券离垃圾债只有一步之遥。一旦在企业经营状况恶化时评级下调，基金经理按照基金章程将不得不平仓。现在新冠肺炎疫情在美国肆虐，美国企业的经营环境已经明显恶化。

在 3 月 23 日晚之前，我们看到美国投资级债券基金一夜之间暴跌近 20%，同时伴随着历史性的大额赎回。注意，这是投资级债券基金，是之前被普遍认为没有风险的基金，但一夜之间暴跌近20%，风险之高，可见一斑。所幸，在当晚美联储实施无限QE政策之后，这些债券的收益率开始冷静下来。同时，我们看到信用利差、互换合约价格也开始有所收敛。这是市场开始认可美联储政策的征兆，也是仅看股票市场无法获得的信息。美国的主要股指，已经运行到了50%的黄金分割回撤点。即便是1929年的大萧条，市场在50%的黄金分割回撤点上也出现了一波技术反弹。

当晚，美国国会对于刺激政策的激烈争论其实显示了美国政坛的博弈。然而，恰恰是因为如此艰难的决策博弈，才显示出两党对于通过经济救助法案的共同目标，否则就不必浪费时间谈判了。至于无限QE，长期下去对经济的损害可想而知，但不在短期交易的考虑范畴内。毕竟，政客不得不在糟糕和非常糟糕的政策之间做出选择，两害相较取其轻。3月24日北京时间早晨，在中国盘前，以及美国股指期货夜间准备开盘之前，我发表了题为“是美联储黔驴技穷，还是市场挣扎寻底”（The Fed Goes All In）的投资报告，向读者提示了美股在史诗级别的暴跌之后，将要出现大级别的反弹交易机会。同时，在3月24日北京时间晚间、美股早盘前，我参加了CGTN（中国国际电视台）的《对话》节目，在节目中连线了著名投资人、索罗斯的前合伙人吉姆·罗杰斯，并再次推荐了美股因政策转变而提供的反弹交易机会。

3 月 31 日，美联储启动了针对外国央行的回购工具。这样一来，拥有大量美国国债的外国央行就可以利用手上持有的国债从美联储获得美元，从而更好地为其国内机构提供美元流动性。这个工具只适用于那些手中持有大量美国国债的外国央行（比如日本央行），它们的国内机构一般有大量的美元负债。这是一个重要的美元流动性的供给来源，这些外国央行现在不需要抛售美债就可以得到美元流动性。由于使用回购获得美元需要抵押品（美国国债），所以没有太多储备的央行就无法使用。值得一提的是，其他发行储备货币的央行也提供类似的回购工具。这个回购工具对中国、日本、韩国、新加坡、印度、巴西等国家和地区都有帮助。当然，这个回购工具的出现，也突显了美元流动性的紧缺，以及美国国债隐现的抛售压力。美元的强势因此有所舒缓。

总结一下，在 2020 年 2 月底到 3 月底的一个多月里，美国和全球市场面临的挑战如下：大流行病（截至 2020 年 3 月 31 日，全球新冠肺炎确诊病例超 77 万例），供应链断裂（美国 70% 仿制药的原材料来自中国，苹果下调盈利预期），需求萎缩（餐厅收入锐减 95%），严重失业（美国逾 1000 万人失业，失业率堪比 1929 年大萧条），股市崩盘（没有人见过这么多次熔断，盘面之惨烈堪比 1929 年大崩盘），石油危机（油价单天暴跌 30%，是 20 世纪 80 年代以来幅度最大的下跌），债券崩盘（投资级债券单日暴跌 20%，史无前例），货币市场破净（美联储不得不保证货币基金，类似 2008 年），潜在的房地产市场危机（房利美和房地美只能坚持不到 12 周，准备再次要求美国政府救援）。

2020 年 3 月之前，很难想象这短短一个多月里全球会出现一系列翻天覆地的变化。2020 年初，华尔街和 A 股的分析师大部分都看多“新牛市”。经过了 2020 年 3 月，即便疫情终结，全球的格局也很难回归从前的正常状态。又或者，以前所谓正常的、以美元为价值锚定的全球系统，其实就是问题的本身，只是新冠肺炎疫情让我们不得不如实面对。以上讨论复盘了 2020 年大崩盘的过程中，美联储等全球各大央行的货币政策是如何一步步地走向无底线的宽松的，以及是如何对市场产生影响的。这些复盘讨论，以及我当时的市场判断，都发表在我的微博和微信公众号“洪灝的中国市场策略”中。现在回过头看，我事前的预判大致是正确的，是在后文将要讨论的市场预测方法的实盘验证。

百年变局

本章我们讨论了现在全球金融体系价值的锚定——美元，同时它也是这个系统的软肋。长期以来，根据 CPI（消费者价格指数）调整后的美元的购买力不断下降，尤其是在1976年，美国终止了国际上黄金与美元的可兑换性，美元和黄金彻底脱钩。在这个以美元为核心的体系里，美国是唯一能够提供所谓安全资产的实体。在全球面临危机之际，美联储作为全球最重要的央行之一，不断提供美元流动性以对抗系统性金融危机。这种宽松的货币政策是为了应对危机而大幅印钞，而不是对应生产力和实体经济体量的扩大而提供更多的美元流动性。这个美元供应过程本身一定会产生过剩。基础经济学告诉我们，当一种商品供给大于需求的时候，其价格会下降。长期来看，美元汇率的长期下行趋势，以及美联储资产负债表在几次危机之后的迅速扩张，符合基础经济学对美元流动性过剩压抑美元汇率的推论。表面上看，只要美元信用还在，非美国家就仍然愿意持有美国国债，那么现有的体系似乎可以违反常理地继续存在一段时间。然而，经济学是一门在有限的条件里资源配置最大化的科学。换句话说，在达到临界点之后，经济里的单位回报将开始小于它相应的风险成本。现在对于系统临界点的思考，应该是美元信用是否可以在空前的量化宽松政策下维持，美联储的资产负债表能够达到一个什么样的规模，以及美国国家的负债极限在哪里。

1929年大崩盘导致的大萧条，到1933年罗斯福实施新政，以及美元贬值40%之后，才得到有效解决。由于突破了金本位制对于货币供应量的束缚，流动性大幅增加，再结合美国政府当时其他的财政扩张措施，美国最终走出了大萧条。当然，也有人会说，是在美国境外发生的第二次世界大战，使全球各国对于美国的出口需求大幅增加，从而刺激了美国经济，才使其最终复苏，并走向繁荣。无论如何，对于1929年大崩盘后的危机，确实是通过改变当时已有的国际货币体系来提供大幅流动性才解决的。

在2020年面对的、堪比1929年大萧条的经济危机里，现有的货币体系也在改变。危机初期，由于非美国家对美元的需求大幅增加，美元汇率在短期内大幅走强，现有的这个系统似乎还是宝刀未老。然而，美联储的资产负债表规模，从2019年第三季度的3.7万亿美元，激增到2020年7月的7万多亿美元。在2020年3月末之后短短的8个星期里，美联储就购买了近1.5万亿美元的美国国债和其他形式的债券。美国财政部计划在2020年发行超过4万亿美元的国债，而2019年全年的发债规模只有1.28万亿美元，2008年金融危机时为了救市才发债6500亿美元。美国政府负债和GDP的比例，很快就要回到第二次世界大战时期的高度。美国政府的财政赤字和GDP的比例，不日也将追赶第二次世界大战时的水平。

在完全抛弃了黄金的价值锚定之后，美联储在放纵美元的路上越走越远。毕竟，在过去一百年的时间里，即便美国肆意印钞，全球的金融系统由于对安全资产的需求，也不得不继续从美联储这一家独大的安全资产生产者那里购买美元资产。以美元为锚的全球货币体系，曾经给国际贸易带来统一的定价标尺和交换媒介，为全球金融系统提供了储蓄价值的工具，还在全球金融危机的时刻为投资者提供了安全资产。然而，现在这个系统崩溃的风险正在快速飙升。虽然这个依赖于美元的系统的风险和回报很难量化，但是一些系统内的变化预示着，随着美元信用不断降低，美元已经运行到了周期性的高点，很快将开始系统性走弱的长期趋势。对于 2020 年的这次危机，宽松的货币政策既是短期系统性风险的解药，也是长期系统性风险的导火索。宏观变化已经运行到了长期临界点。

2020 年 5 月，市场开始担心由于中美关系不断恶化，中国将抛售价值 1.2 万亿美元的美国国债。美国的总负债已经达到了 25 万亿美元，中国的 1.2 万亿美元的美国国债持仓，已经不如以前在整个美国国债系统里的占比，因此美联储可以很快地接盘。毕竟，3 月末之后的 8 个星期，美联储就购买了近 1.5 万亿美元的美国国债和其他形式的债券——远远超过了中国对美国国债的总持仓量。同时，3 月以来美国财政部新发的国债，也是由美联储购买了绝大多数的。然而，如果中国和其他美国国债持有大户最终选择抛售美国国债持仓，可能就将显示出现有系统里美元信用的崩溃——大客户不再希望持有美元或美元资产。即便美联储可以暂时接盘，平抑短期的价格波动，但是美国国债将变成一项国内资产，只能通过国内债务货币化来消化。同时，由于这些美国国债的发行将用于实体经济的建设，它最终对经济的影响一定是通胀性的。而由于美国政府信用的缺失，对于美国国债的投资，美国国内的投资者也会三思而后行。如果是这样，曾经密不透风的、以美元信用为基础的国际金融体系，将面临崩溃的风险。当然，这个风险爆发的时间点难以精准预测。但直觉上，这个风险爆发的概率，相较于这次经济危机爆发之前的水平大幅上升了。

假如我们比较道琼斯指数和黄金 1900 年以来的走势，并对原始的价格数据做一个 850 天年化的周期性处理（见图 1.6），我们会观察到几个发人深省的现象。第一，经过 850 天年化周期处理的道琼斯指数的长期回报率，存在着一个明显的 35 年的周期，而这个 35 年的周期恰恰等于 10 个 3.5 年的短周期的叠加。第二，每一个 35 年的回报周期里蕴含着两个 17.5 年的中周期，而这个 17.5 年的中周期正好等于 5 个 3.5 年的短周期的叠加。第三，黄金的长期回报率也蕴含着这个 35 年的周期，以及 17.5 年的中周期和 3.5 年的短周期的叠加。同时，黄金的回报率周期与道琼斯指数的周期基本上是反向相关的。这个负相关性，尤其是在当下，让黄金成为市场风险飙升时一个非常好的避险工具。第四，道琼斯指数的长期回报率

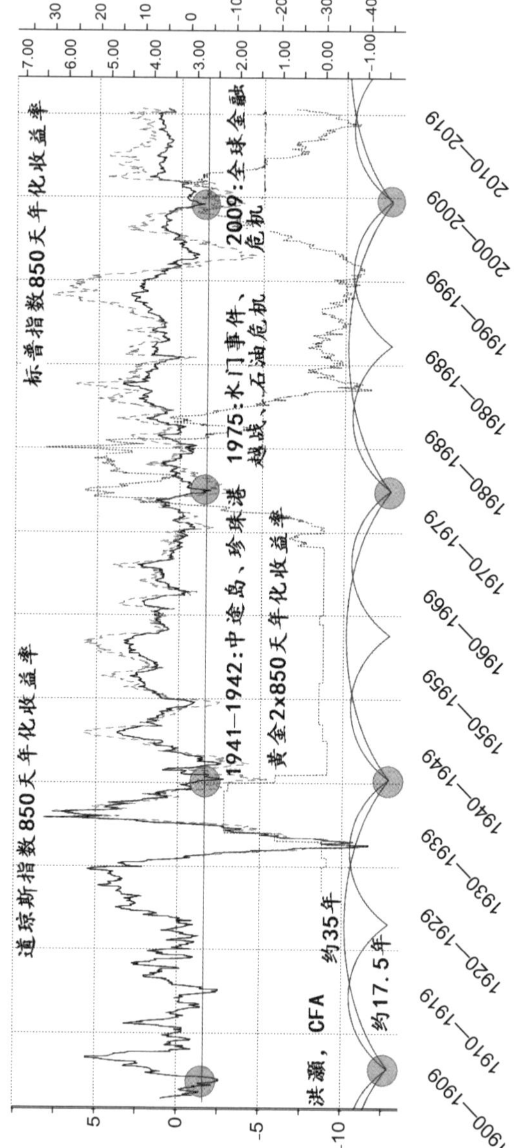

图 1.6　百年变局：比较黄金、道琼斯指数、标普指数 1900 年至今的回报率变化周期

注：道琼斯指数 850 天年化收益率（左轴），黄金 2x850 天年化收益率（右轴内），标普指数 850 天年化收益率（右轴外）。

数据来源：彭博，作者计算。

周期已经见顶，并开始回落，而黄金的周期才刚刚开始，并渐入佳境。这个长周期的运行特征，将在未来几年越来越被投资大众深刻地感受到。

在过去100多年的历史中，每一次周期的运行到了这个类似的阶段时，大型的风险事件就会改写人类社会的历史。比如1917年的西班牙流感和第一次世界大战，20世纪40年代的第二次世界大战，20世纪70年代的越南战争和石油危机，1997年的亚洲金融风暴，2000年的互联网泡沫破灭，以及2008年的全球金融危机。现在的问题是：这次会不一样吗？在下面的章节里，我们将讨论市场预测的方法、模型和它们的实际预测成果，以及现阶段对于未来方向的结论。

第 二 章

市场是否可以预测

知者不言，言者不知。

——老子

对于股市能否预测这个问题，市场一直争论不休，不能盖棺定论。尤其对于一个宏观策略师而言，这是一个关键问题。如果真如那些支持市场有效性的学者所说的，市场的现价反映了市场里所有的信息，甚至包括企业的内幕信息，那么市场预测这门艺术，也就没有存在的意义了。毕竟，没有任何人可以大言不惭地认为自己比市场聪明，否定市场共识对市场现存的所有信息给出的价格。市场有效性的假设之一就是，市场的参与者都是理性的主体，并可以迅速对市场内的所有信息做出反应，还可以正确定价。假如市场是完美理性的，那么便不需要市场预测了。然而，倘若市场是非理性的，那么市场是否就可以预测了呢?

百年道指

我们可以先用道琼斯指数的百年走势做一个观察。在这里，我简单地做了一个道琼斯指数的百年价格对数级趋势图（见图 2.1）。然后，我把图上重要的低点，如 1929 年大崩盘之后的低点 1 和 20 世纪 70 年代美国经济衰退之中的低点 2 用直线相连。有趣的是，这条直线恰恰经过了 1987 年 10 月的“黑色星期一”崩盘前的高点 3，以及 2018 年以来道琼斯指数所创下的一系列历史新高 4。也就是说，道琼斯指数曾经的长期支撑线变成了 1987 年和近两年行情的强阻力线。同时，我把图上的重要高点，如 1937 年大崩盘之后的股市复苏高点 A，“咆哮的 20 世纪 50—60 年代”的一系列高点 B 用直线相连。有趣的是，这条直线也恰恰经过了 2000 年互联网泡沫破灭后暴跌的低点 C，以及 2012 年以来美股回调之后创下的一系列的低点，包括本次史诗级暴跌的低点 D。也就是说，道琼斯指数曾经的长期阻力线变成了 2012 年以来行情的强支撑线，对于 2012 年美国国债历史上首次评级下调，2016 年的缩表和中国股市泡沫破灭产生的冲击，以及 2020 年 3 月的史诗级熔断行情暴跌的低点，都恰恰形成了支持。

这些观察点持续了约 100 年，而且非常直观地在图上显示出来。很难想象，这么多年以来这些支撑和阻力点位的紧密契合仅仅是巧合。然而，支持市场有效性的学者总是试图用以抛硬币的方式模拟出来的图形，以及与股市实际的走势图非常相似的现象，来论证股市价格的上升和下跌的概率。早在 10

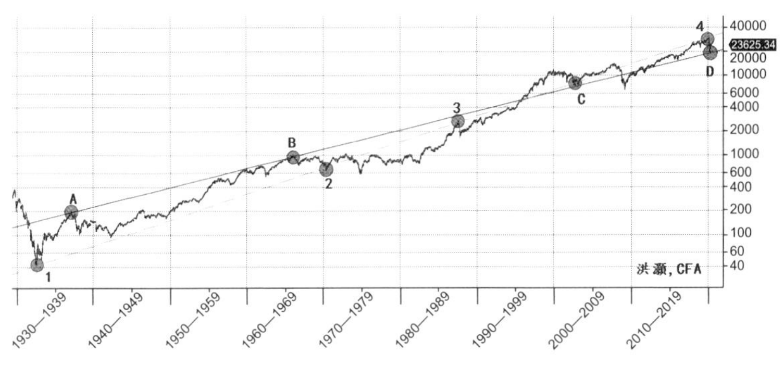

图 2.1 道琼斯指数百年趋势图

数据来源：彭博，作者计算。

多年前，我在花旗银行时所做的量化分析就发现，美国市场长期上升的概率大约是 2/3。也就是说，长期以来，每天下注美股的赢面大约是 2/3，远远高于以抛硬币的方式所模拟出来的图形里隐含的 1/2 的赢面。因此，尽管表面上抛硬币所得的图形和每天股指的价格走势相似，但它们各自隐含的价格走势的概率却大相径庭。而道琼斯指数百年的上升趋势显示，股市上升的概率大于下跌的概率，又或者说，股市上升时所获得的盈利大于下跌时的损失。只有这样，道琼斯指数才能形成一个 100 多年不断向上的趋势。

市场预测理论

最早的股市预测理论之一是著名的道氏理论。这个理论的创始人查尔斯·道，是著名的道琼斯通讯社、《华尔街日报》和道琼斯指数的创始人，他一直对美国的经济前景抱有长期的乐观主义精神。查尔斯·道年轻的时候曾与其他几位当时著名的金融家一起参观位于科罗拉多州，由三个爱尔兰兄弟发现并开采的银矿场。这三兄弟刚到美国的时候身无分文，连借钱买面包都做不到。然而，在发现并开采了银矿之后，他们的财富迅速积累。三兄弟白手起家的成功故事给查尔斯·道留下了深刻的印象。在离开银矿场的时候，查尔斯·道在文章中写道："如果大家都节衣缩食，就不会有第五大道了。"这次参观让查尔斯深信，美国的工业在未来是一个"巨大的投机市场"。与象牙塔里的经典经济学家不同，成功的市场投资者似乎都深谙有效需求天然不足的道理。

尽管查尔斯·道更像一位学者，而不是投机分子，但他对于市场历史的把握让他逐渐领悟到一个市场预测系统。1901年，查尔斯·道在《华尔街日报》里陈述了著名的道氏理论："涨潮的时候，一个人可以看到潮水一波一波地涌上来，一波比一波高，直到潮水涨到了最高点而不能再前进。然后，潮水开始退却，一波比一波低。股市价格运行的波浪也一样。价格的浪潮，就像海浪一样。浪潮的驱动力到达顶峰之后并不会马上退却，这股驱动力的消退会慢慢地减弱浪潮的高度，而浪潮的最高点则需要时间来确认。"

这可能就是最早的、最朴素的股市预测系统，也就是现在非常盛行的波浪理论的原型。道氏理论者夸口说，他们能够准确地判断股市的拐点。然而，他们之间的分歧却很大，对于拐点的判断往往意见不一致而且缺乏前瞻性。同时，他们事前也无法判断拐点的级别——究竟是一个大趋势里的小波折，还是大趋势的逆转。也就是说，原始的道氏理论无法判断市场里看到的究竟是浪潮还是浪花。因此，虽然道氏理论是最早的股市预测理论之一，在直观上也很容易被人接受，但是它并不能为股市预测提供一个权威的答案。

早在 1900 年，巴舍利耶就在他的博士论文《投机理论》中，以 70 多页的篇幅论述为什么任何预测股票价格的尝试均属枉然。巴舍利耶指出："过去、现在甚至折现了的未来将发生的事件，均已反映在市场价格上，但似乎和每天的市场价格波动没有密切的相关性。人为的因素也有影响，每天的市场交易都会自我作用并进行反映。同时，现在观察到的价格波动不仅反映了以前的波动，还反映了市场现在的状态。有无数的因子在决定着这些价格的波动，因此也不可能用数学公式来精准地预测。对于市场动态交易的预测从来就不是一门精确的科学……市场里的投机大众，在任何一个特定时点都无法定论市场的涨跌，因为在每一个价格上都有无数的买家及卖家并存。"

巴舍利耶这些简单的描述，就是有效市场假说的雏形。不幸的是，巴舍利耶的论调在当时的学术界里过于前卫，还存在数学计算上的瑕疵。著名的市场分形理论的奠基人曼德博在评论巴舍利耶的学术成果时笑道："根本没有人知道应该如何运用巴舍利耶的研究成果。"尽管巴舍利耶夸大其词地宣称其理论"已解决了投机学上的大部分问题"，但他的革命性理论却未能令他成名。巴舍利耶最重要的学术洞见，是他以现代数学公式表达了在任何一个特定的时间点，对于确定市场价格互相对立的、多空双方的观点都存在。现在观察到的市场的价格，就是市场最合理的价格。否则，市场的现价就不会在当前这个水平上，而会是一个更高或者更低的价格。巴舍利耶另一个重要的学术洞见，是他对于市场波动幅度的判断。他认为，经历的时间越长，市场的波动幅度就会越大。而波动幅度变化的速度应该和时长的平方根成正比。比如，我们观察到 2/3 的时间里，股市每月波动的幅度都在 −6%~6%。如果是这样，那么股市 12 个月里的波动幅度应该为 6%×［12^（1/2）］= 20%。巴舍利耶的这个学术洞见，与分子在空间里随机碰撞的形式非常相似，而 19 世纪的英国物理学家罗伯特·布朗发现了这个分子运动定律，该定律被普遍称为布朗运动定律。这个定律后来甚至成了爱因斯坦的分子物理学里必不可少的理论基础。而在金融学里，它就演变成了后来有效市场学派提出的著名的随机漫步理论。

由于论文里存在计算上的瑕疵，巴舍利耶最后甚至连一个大学教授的职位也没有得到，他的论文也逐渐被同一领域里其他海量的著作所淹没——直至保罗·萨缪尔森在数十年后重新挖掘出了这部著作。然而，萨缪尔森在一个关键的领域上与巴舍利耶的看法相反——萨缪尔森相信只有超额回报（阿尔法收益）才是不能预测的。这是因为即使个股的股票价格有效地反映了基本面信息，股票价格也不可能跌破零。这种价格走势的不对称性，放在由成千上万只股票组成的股市里，应该也会显示出一种长期向上的趋势。简言之，萨缪尔森相信整体市场的回报（贝塔收益）是可以预测的，而个股的超额回报则不能预测。

萨缪尔森在写给罗伯特·希勒的信中进一步假设整体市场在宏观层面失效，但从个股的微观层面来看却具有效率。他指出，“综合了多个证券价格的股市指数从长期表现来看存在显著的无效性，并表现为股票价格长期高于或低于其价值”。作为金融行为学派最重要的学者之一，希勒认同萨缪尔森的观点，因为人类的大脑根本就不能同时分析及理解所有资讯，更毋论理性完美地把这些不断变化的资讯计入市场价格里了。在综合层面上，趋势的出现显示市场价格不断反映市场中的新信息，但这些新的、时间上随机出现的信息对股票价格的影响并不互相抵消。希勒在其 2005 年的著作《萨缪尔森的定律与股市》（*Samuelson's Dictum and the Stock Market*）中提出了论据，支持萨缪尔森的关于宏观、微观存在不同市场有效性的假设，也解释了为何 2013 年的诺贝尔经济学奖颁发给了两个似乎持截然相反观点的经济学家——罗伯特·希勒和尤金·法玛。他们对市场可预测性的不同意见在于市场整体和个体的区别，而非人们往往错误认为的预测时间长短的区别。

与希勒共同获得 2013 年诺贝尔经济学奖的尤金·法玛是研究有效市场假说的一匹黑马。毕竟，他大学时主修法文，而且运动型的外表让法玛看起来也不像是个"书呆子"。谁会想到，一个语言系的运动健将最后却成了量化研究市场有效性的先驱。最终，法玛以翔实的数据成功证明了市场价格在反映资讯的时候具有有效性，并在一系列严谨的假设前提下提出了"市场有效性三态"的假说。然而对于法玛而言，一个有效市场并不是完美理性的。市场的有效性在于其反映影响市场信息的速度和方式，而不是很多人误认为的市场定价的完美。一般来说，没有任何人可以指望不凭借运气而跑赢市场。法玛的理论阐述的是，假设市场是有效的，那么市场应该如何运行。他并没有描述有效市场在现实世界中的实际情况，这也是他的理论经常被人们误解的地方。

股票定价理论

美联储看跌期权

以法玛为代表的有效市场学派和以凯恩斯、希勒、加尔布雷思等学者为代表的市场投机学派始终没能达成共识。想来这两个学派之间的共识，最终应该也是无法达成的。从 1987 年格林斯潘上任美联储主席至今的市场历史来看，以格林斯潘和伯南克为代表的几位美联储历任主席，在市场泡沫破灭后采取的一系列政策措施，都显示了美联储内部主流思想在“和平时期”对于有效市场假说的认同。然而，这种对于股票定价理论意识形态上的忠诚，在股市暴跌崩盘的“动荡时期”，却又不得不屈服于市场投机理论对于泡沫的产生及其后果的分析视角，还不得不据此使用非常规政策进行市场干预。

在 20 世纪 80 年代以来的一系列市场泡沫里，这些言行不一的美联储主席一次又一次地领导着美联储扮演市场上“最后一个买家”的角色。在他们的领导下，美联储不仅逐渐变成了市场危机时的“最后一个买家”，还成为经济危机时的“最后一个放贷人”，以及政府财政的“最后一根支柱”。这种政策的选择，使美联储逐渐被市场裹挟，失去了其政策的独立性，也违背了其避免财政货币化的初衷。在 2020 年新冠肺炎疫情时期，美联储采取的史无前例的宽松货币政策和财政赤字货币化，将导致未来几年通货膨胀重新抬头。而美联储也在干预市场的道路上越走越远。

20 世纪 90 年代牛市的崩盘，迫使格林斯潘和伯南克等美联储官员不得不公开承认泡沫的存在，并需要解释央行会如何应对股市泡沫。美联储信奉的有效市场理论以基本面价值分析和有效市场假说为出发点，而凯恩斯则是市场投机理论的代表。分析和发展后凯恩斯主义的主要代表是加尔布雷思的投机狂热行为学理论。

值得注意的是，有效市场学派本质上不承认股市泡沫的存在，因为泡沫和理性的假设是根本不兼容的。然而，在市场投机学派的理论体系里，市场泡沫的形成却是可以进行完全“合理的”解释的。在 20 世纪 90 年代的牛市里，股票价格飞涨，最后演变成泡沫。当时，作为美联储主席，格林斯潘不得不尝试用有效市场假说来解释泡沫的成因。虽然格林斯潘被迫承认了股市泡沫的存在，但是他仍然试图解释泡沫的形成是一个“理性”的过程，并企图借此化解有效市场假说和市场投机理论之间的矛盾。格林斯潘当时的解释是：市场泡沫确实存在，但只有在泡沫形成之后才能察觉，甚至形成之后可能也无法察觉。

有效市场假说有着非常优雅的学术外表。它假设，如果人是理性的，并时刻都在最优化各种各样的选择，那么这种理性优化的思想过程一定可以有效地把基本面的变化反映在市场价格里。即使一部分参与者不能做到理性优化，他们犯下的定价错误也是随机的。因此，在整个市场范围内，他们随机犯下的错误会互相抵消，从而形成整体市场的有效性。然而，人并不是冷冰冰的机器。如果原子也有感情，那么物理学将会变得复杂得多。如果说，沃尔克伟大的货币政策实验开启了新古典主义理性预期之门，格林斯潘引领了有效市场学派主导美联储的学术思潮，那么登上有效市场学派思潮顶峰的，一定就是伯南克了。

伯南克从小就对 20 世纪 30 年代的大萧条非常感兴趣。在一部由伯南克编著的宏观经济学教材里，还写到了他关于童年往事的回忆。童年的伯南克会坐在自家的前廊里，听外婆讲述大萧条的往事。伯南克还记得外婆说，她小时候最幸福的事情就是她爸爸每年都可以给她买一双新鞋，但是同一条街上的其他小朋友就没有这个福分了。伯南克好奇地问为什么，他外婆说："因为工厂不生产鞋子。"伯南克接着追问为什么工厂不生产鞋子，他外婆回答说："因为没有人买鞋子。"

这个自为因果的故事让年轻的伯南克对大萧条产生了浓厚的兴趣，也让他后来成为美联储里研究大萧条的第一人。早在伯南克还没有当选美联储主席，只是就职于纽约联储的时候，他就在华盛顿的一个中餐厅里，在一众学者和官员面前分享了他将阻止大萧条再次发生的政策。伯南克说，大萧条是完全可以避免的，如果大萧条在美国国土上不幸再次出现，他可以把利率降到零，在利率降到零之后，美联储还可以不依靠利率，而通过扩大资产负债表直接在市场上购买美国国债，如果最后还是不行，那么美联储可以直接印钱，把钱发到美国公民的手里。这些极端的货币政策思想，在当时还没有经历2000年互联网泡沫破灭和2008年美国次贷危机，以及2020年新冠肺炎疫情的众人眼里，都过于学院派了，而且也难以想象。我们都知道，学院派是“不切实际”的代名词。毕竟，理论上，如果市场知道美联储在危机时会在市场上公开购买债券，就会把手上的债券全盘抛售给美联储。这个交易逻辑，类似在一个固定汇率挂钩的系统里，央行为了保护汇率而被迫沦为对冲基金的对手盘，不得不接盘对冲基金做空汇率产生的卖盘以保护汇率水平。而央行这些保护固定汇率的做法，往往被对冲基金当作获利的工具。比如1992年，索罗斯做空英镑逼仓英国央行而狂赚了10亿英镑，被传为佳话。

伯南克还对日本央行20世纪80年代后期通过上调利率主动刺破资产泡沫的政策颇有微词。他认为，日本央行当年实施的紧缩政策，以及资产泡沫破灭之后没有直接通过宽松的货币政策稳定市场、刺激经济，直接导致了日本的“失去的30年”。如果当年日本央行果断放宽货币政策，允许日元汇率大幅贬值，那么日本很可能就会躲过一劫。

我们可以从伯南克对大萧条的研究，以及他对日本央行刺破日本资产泡沫的批评中，看到他后来在2008年美国次贷危机期间受命于危难之际采取量化宽松政策的逻辑。这一系列的量化宽松操作，和他当年在华盛顿中餐厅里的论调基本一致。终于，停留在理论高度近40年之后，伯南克抵御大萧条的政策思想被用到了现实中。伯南克在货币主义鼻祖弗里德曼90岁生日会上的致辞，是对后来美联储货币政策取向的最好总结。弗里德曼的著作《美国货币史》是所有学习宏观经济学的学生的必读书目。《美国货币史》详细地研究了20世纪30年代大萧条的成因，指出了信贷的停滞、资产泡沫的破灭和美联储当时的不作为是大萧条的直接成因。多亏了罗斯福采取新政，勇于尝试新的宏观经济管理模式，敢于承担失败的风险，美国最终才走出了大萧条的阴影。伯南克在弗里德曼生日会上的致辞中还谈道，在当时的纽约联储主席本杰明·斯特朗去世之后，美联储群龙无首，缺乏领导人物。而由于华盛顿对于斯特朗在世时美联储的强势早已心存忌恨，在斯特朗去世之后极力压制美联储在政策上的话语权，所以货币政策无法在经济衰退中发挥作用。在弗里德曼90岁生日会上，伯南克还在致辞中对弗里德曼赞许道："关于大萧条，您是对的，是我们美国人自作孽。但正是因为有了您，我们才可以保证不会重蹈覆辙。"这短短半小时的致辞，最终确立了伯南克领导下的美联储在危机时期执行强势政策的思路，以及美联储之后对于市场危机的应对策略。

美联储对于市场泡沫的解释，反映了它对有效市场意识形态的强烈忠诚，同时又不得不接受市场投机学派的理论和见解。虽然口头上拒绝，但格林斯潘和伯南克等在行动上却非常诚实。每当市场崩盘时，美联储就放宽货币政策。崩盘的级别越大，对应的货币宽松力度也就越大。而货币宽松力度越大，之后市场泡沫化的程度就越严重，后续的崩盘级别也就越高。最终，市场看穿了美联储的政策选择，市场价格的运行则反映了所谓“美联储看跌期权”——价格下跌幅度有限，而价格下跌时产生的收益却是一种上不封顶的、不对称的、类似期权的回报。这就是过去 10 年市场复苏过程中，市场参与者越跌越买的投机策略的理论基础。如今，经过过去 30 年历任美联储主席的政策训练，市场参与者对于市场的下跌产生了本能的膝跳式买入反应。这种市场回报的分布，严重扭曲了市场的估值体系，市场也因此变得越来越脆弱。

市场理性还是市场投机？

作为新古典经济学的一种延伸理论，有效市场学派认为，股票的内在价值本质上就是未来预期利润的贴现价值，而市场竞争力量会自动让股票价格回归到与内在价值相等的均衡水平上。不同的是，市场投机理论拒绝接受这个观点。市场投机学派认为，复杂的心理和市场因素会让股票价格突然而剧烈地波动。

基本面估值分析法允许当前股票价格暂时高于或低于其均衡值（股票的内在价值）的水平。研究股票基本面的目的，是让谋求利润最大化的交易者发现股票的内在价值。如果一只股票被发现定价过高，那么那些知道这一信息的人就会从他们的投资组合中卖出这只股票，甚至做空这只股票，直到沽售的压力将这只股票的价格压低到其内在价值水平。相反，如果一只股票被发现定价过低，那么知道这一信息的人就会购买这只股票，直到对于股票的需求将股票价格推高到其内在价值水平。

显然，这是象牙塔里的世界观。有实际市场交易经验的读者都知道，市场价格可以持续偏离价值。同时，做空也是有成本的，并不是每一只股票都能融券做空。对于一些热门的股票来说，融券成本会很高。如果市场一致看清上市公司的问题，并一起做空这个公司的股票，那么市场上过分集中的仓位将会被充分暴露在市场其他交易员的视野里。这个时候，只要一个很小的多头仓位，就可以撬动市场，让股票价格因为大量的空头回补而上升，同时空头回补将进一步导致轧空行情。最后，股票空头因为被逼到了角落，不得不开始全面空头回补，从而展开最终的逼空行情。比如 2008 年的保时捷，几年前的康宝莱，现在的特斯拉，以及2020年3月底之后美国市场报复性反弹的行情，都有力地证明了即使去做空基本面羸弱的市场和个股，技术上的难度仍然很高，甚至会出现虽然做空逻辑正确但仍然被逼空爆仓的现象。由于做空往往有着这样或那样的限制，所以做空的力量通常会不足，市场价格也很难因为空头的存在而反映基本面的负面变化。这很可能是股票价格可以长期持续偏离基本面的原因之一。

根据有效市场假说，股票价格总是等于其内在价值水平，因为市场掌握了决定内在价值的经济基本面的所有信息，而市场会立即将这些信息反映到当前的股票价格上。在这个假说里，股票价格之所以出现变化，是因为市场认识到经济基本面已经发生改变，从而改变了内在价值，并立即将市场价格提高或降低到新的内在价值水平上。然而有趣的是，在1987年股市崩盘之后，一些有效市场假说的支持者试图辩称“理性泡沫”存在的可能性。然而，这么大的市场一天暴跌了近1/4是很难用理性预期去解释的。如果预期是理性的，泡沫破灭前的市场价格永远是对的，那么整个市场单日就不会出现如此幅度的暴跌。与股票价格有效反映所有信息的这一理论形成鲜明对比的是，在有效市场的进阶理论体系里，只要“理性”的市场参与者相信下一阶段存在市场价格高于其内在价值的可能性，那么“理性泡沫”就会出现。

有效市场假说和“理性泡沫”的概念受到了市场投机学派的强烈挑战。市场投机理论的流动性偏好这个概念，暴露了美联储信奉的“理性泡沫”在理论上无用的优雅。股票价格的波动影响消费和投资水平，因此股票价格是社会总需求中的一个重要因素。股票价格上涨会造成财富效应，并影响边际消费倾向。股票价格上涨往往会刺激投资，其效果相当于降低利率或提高资本的边际效率。股票市场的现价相对于资本品供应价格的浮动，将对新的资本品的投资产生影响。如果股票价格高于新资本品的价格，那么新股发行将为资本品投资提供融资。但如果股票价格低于新资本品的价格，类似市净率低于1的时候，那么就不会有新资本品投资。如果二级市场股票价格持续低于现有资本品的市场价格，那么资本品投资将进一步减少。这时，投资者可以在二级市场通过购买足够的股份来获得公司控制权。

凯恩斯把基本面分析定义为预测长期收益，而把投机定义为预测市场大众的心理。简单地说，市场投机理论对股票定价有三个要素：人性，经济未来固有的不确定性，以及有组织的、交易成本低的现代交易所的制度。

很多人是短视的，因为他们胆小、贪婪还缺乏耐心。他们对于市场的价格波动很敏感，所以也不敢做长远的打算。人们往往急功近利，并从快速赚钱中体验到了一种特殊的快感。凯恩斯称大众天生的乐观主义为“动物精神”。但是，即使除去人性的因素，未来固有的不确定性使定义股票内在价值或长期收益，也就是用基本面分析来确定股票的价格，成为几乎不可能的事情。新古典主义的有效市场假说，假设市场的未来和过去非常相似。如果是这样，那么市场的未来就可以通过过去的市场数据进行统计预测。然而，未来真的仅仅是过去的统计反映吗？其实经验告诉我们,我们根本不可能知道未来。表面上，我们可以分析经济的历史和数据，但是由于未来并非过去的简单重复，这些历史分析的结果也许并不能提供统计上可靠的概率分布以预测未来。

正是由于经济的未来并非过去的简单重复，才有了证券市场。在一个未来完全可知的世界里，投资者会为了获得收益而长期持有证券资产，拒绝换仓，毕竟，持有资产的未来收益是完全可知的，因此证券市场就根本没有存在的必要了。由于储蓄和投资是互为镜像的一对行为，如果买卖双方对于未来事件发生概率的估算有意见不同之处，那么资本市场将把储蓄者和投资者进行有效配对。有效市场假说关注的是市场定价的效率，而流动性偏好理论则认识到，未来固有的不确定性会导致投资者换仓，从而市场会产生对流动性的投机性需求。因此，金融市场的主要功能是提供流动性，而不是有效定价。

归根结底，有效市场根本不需要流动性，因为在有效的市场里，人们会选择长期持有证券资产。相反，只要市场有充足的流动性，市场就不会是有效的。这是因为当流动性充足的时候，投资者并不需要对未来进行基本面分析而形成客观的预期和定价。这时，投机者主导市场，他们只需要预测市场大众的心理，在流动性充足的市场里玩击鼓传花的游戏，时刻准备着把手里的股票以更高的价格抛售给接盘侠就可以了。因此，市场交易的产生，恰恰是市场对于流动性的投机性需求。对于市场投机学派来说，由于流动性投机需求占据了主导，因此很难确定以基本面分析为基础的有效市场价格，也没有必要去确定。A 股市场的那句名言——“研究基本面，你就输在起跑线上了”——看来是有一定道理的。对于金融市场在流动性条件下产生的不同行为的错误假设，是有效市场假说的致命缺陷。

考虑到贪婪的人性和不确定的未来，只有在有秩序、有组织的金融市场里，人们才愿意持有股票。因为他们相信，在这样的市场里，如果有需要，他们可以快速抛售手上持有的股票并全身而退。由于现代交易所提供了流动性，让投资者可以用很低的交易成本成交买卖，所以每个市场参与者都会觉得自己的仓位会有足够多的买家，可以随时兑现。然而，如果是这样，作为一个市场整体，流动性反而是不足的。这是因为，如果每一个投资者都要同时减持兑现自己的仓位，那么市场整体就不会有足够的流动性以应对所有投资者同时兑现持仓的压力。这个现象，类似银行挤兑——在挤兑的时候，所有银行本质上都是破产的。存款准备金制度决定了，没有一个银行能够同时满足所有客户的取现要求。

对于为什么股票价格会持续偏离内在价值，新古典主义理论现在并没有更合理的解释。因此，所谓“理性泡沫”只不过是一种新古典主义的抽象概念，这个抽象化只是在回避解释泡沫破灭前市场的癫狂这个问题罢了。格林斯潘和伯南克的“理性泡沫”理论是调和市场投机理论和理性预期理论的一个尝试。这个折中企图既承认市场情绪在决定股票价格波动方面的重要性，也试图保持有效市场学派的理论正确性。

如果投资者认可经济未来固有的不确定性，并相信自己可以快速离场，那么投资决策通常是由短期预期的投机收益决定的。由于在一个有组织、有秩序的市场上进行交易的成本如此之低，市场参与者每天对股票价格的预期都是随波逐流的。而股票持有人可以不断折腾他们的投资组合，希望可以获取短期盈利。当人们不知道未来，同时也清楚他们不可能预知未来的时候，他们也就没有必要在乎过去和现在的市场基本面了。现代交易所允许业余投资者以低成本在所谓基本面估值的基础上，下注于不可知的未来变化。同时，专业交易员则热衷于预测大众心理，并在大众离场之前抢先一步抛盘，而不是预测持有股票的长期收益。在这样的市场里，股票价格的走势往往会显得相当荒谬。

由于股票市场是由大众心理所驱动的，并没有坚实的基本面基础，凯恩斯认为，“当过度乐观和超买的市场幻想破灭的时候，投机交易导致的价格飙升随时都会发生突变”。只有当大多数人放弃同时清仓离场的想法，市场对于不确定的未来的担忧才会冷静下来，这时交易所才真正有足够的流动性。由于没有市场基本面因素来决定股票的市场价格，市场对未来的亢奋或恐惧往往会极端化。当市场人士一致认为未来市场价格预期将发生剧变时，市场就会出现从众效应，导致市场参与者集体性地买入或卖出。在乐观的预期下，这个从众效应将创造出一个投机狂潮。但当恐惧导致预期发生变化时，对于流动性的需求又会使流动性迅速枯竭。如果所有人都想要同时离场，那么就意味着没有人可以全身而退，一场金融危机也就由此诞生。

对于有效市场假说的辩解

对于 1929 年的大崩盘，加尔布雷思更专注于研究当时市场的主要特征和社会因素的影响。他认为这些都是当时产生投机狂潮和市场最终崩溃的决定性因素。投机狂潮的产生，不仅需要整个社会产生情绪变化并影响相当一部分人群，还需要建立一些市场机制，如融资融券、期权期货交易等。在一般情况下，人们的期望还是现实的。但人们渴望一夜暴富的心态是无法改变的。人性固有的贪婪，使人们希望用最少的努力以最快的速度致富。股票价格上涨初期往往是基于对企业利润增长的现实预期，但这种“理性”的初期涨幅反而使日后的投机情绪冠冕堂皇。在非理性乐观主义的状态下，政治、商业和社会领导人会让群众产生一种信任感。人们会相信，这些大人物一定会保证市场的安全，担保光明的未来，普通人可以通过投资好股票致富。同时，人们还会相信，这些大人物深谙市场运行的规律，并会在市场下跌的时候出手救市。

投机狂潮最有可能在经济经历了一段繁荣时期后出现。在繁荣的初期，股票价格开始上涨，人们预期公司盈利将会开始改善。同时，社会储蓄也必须充足，并迅速增长，以提供相应的流动性。如果这些条件成立，人们就会去寻找变现这些储蓄的方法。在 20 世纪 20 年代和 80 年代，不断上涨的股票价格之所以转变为投机泡沫，是因为当时的减税让高收入群体获得了大量盈余资金。这些资金最后进入了股市，而没有投资实体经济形成生产性资产。投机狂潮形成的初期，市场制度的发展使人们能够借钱加杠杆买入大量股票。1929 年和 1987 年市场崩盘之际，市场杠杆水平都很高，整个市场的参与者普遍债台高筑。此外，当时的金融创新，比如各种金融衍生品，也使人们更容易参与股票买卖。

在市场上涨了一段时间之后，人性里纯粹的投机本能将占据上风。这时，人们不再费力去寻找股票价格上涨的基本面原因。其实，大家都知道股票价格不可能永远持续上涨，但每个人还是会相信自己足够聪明，能在股票价格下跌前比别人先退出市场。到了这个时刻，投机泡沫最终只能以股票价格急剧下跌的方式来结束。除非政策制定者愿意在市场泡沫形成的初期就执行紧缩的货币政策来抑制泡沫，否则泡沫只能越吹越大，并最终以大崩盘告终,就像 1929 年 10 月和 1987 年 10 月一样。但之前我写到，伯南克在弗里德曼生日会上的致辞，显示了美联储拒绝收紧货币政策来刺破市场泡沫的倾向。在沃尔克伟大的货币政策实验之后，美联储宽松的货币政策倾向开启了美国股市 30 年的长牛（如图 2.2 所示）。虽然中间穿插着这样或那样的市场危机，但美联储总是会拯救市场于危难之际。那些在泡沫破灭之前直言不讳地预警泡沫的人，将会被社会大众嘲笑，讽刺他们与新经济的现实脱节，但在泡沫破灭后，社会大众又会去寻找替罪羊。往往泡沫破灭后出现的情况是，那些在市场飙升时赚大钱，并被赞为才华横溢的人，最终都会被查出来是骗子，或是操纵市场进行内幕交易的人。看看 2015 年 5000 点泡沫破灭之后，中国证监会揪出来的一系列著名市场人士的内幕交易事件。然而，很多股民在心里仍然把这些当年在 A 股市场叱咤风云，但后来锒铛入狱的人物奉若神明并顶礼膜拜。

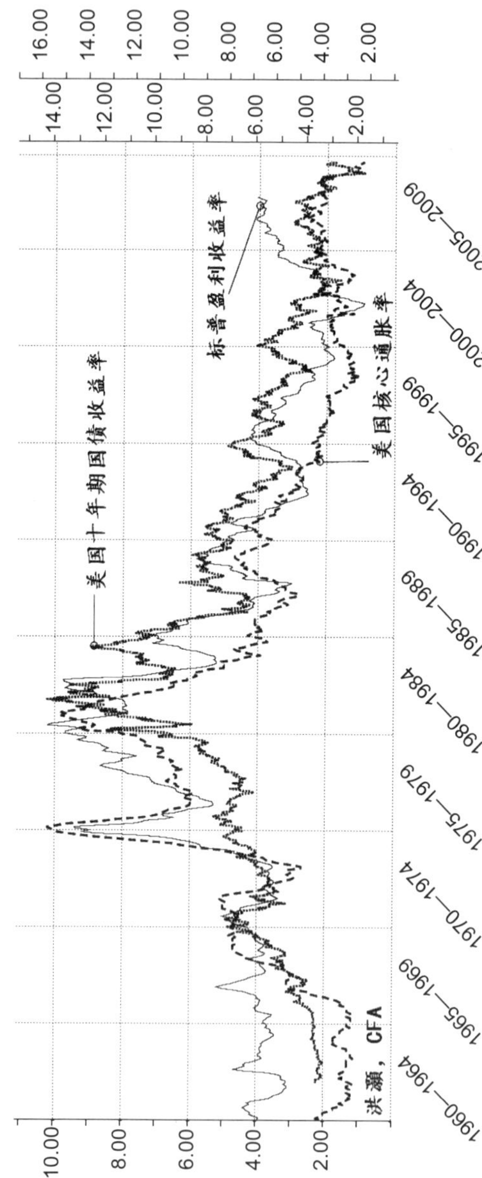

图 2.2 20 世纪 80 年代初期，沃尔克驯服了通胀，美股开启史上最长的牛市

注：美国核心通胀率（左轴），标普盈利收益率（右轴内），美国十年期国债收益率（右轴外）。

数据来源：彭博，作者计算。

从 1987 年 10 月 19 日的崩盘开始，到 20 世纪 90 年代新经济的繁荣期，股票价格的波动都深深影响了格林斯潘的政策和理论。然而，在大众疯狂的头脑中，格林斯潘却是加尔布雷思所描述的，在危机中将出手救市的大人物的典范。股票价格在 1987 年 10 月的“黑色星期一”崩盘之后，在短短两年内又迅速回升至 1987 年崩盘前的高点。因此，市场对于格林斯潘的信任逐步开花结果。1987 年，格林斯潘在股市崩盘后次日的开盘前，以个人名义发表了一篇简短声明：“美联储作为美国的中央银行，今天申明，它有责任，并已经准备好为支持经济和金融系统提供足够的流动性。”市场对于格林斯潘的这份“个人声明”的理解是，如果商业银行不能提供流动性，那么美联储将准备直接向股市提供流动性。到了 2020 年 3 月大崩盘的时候，现任美联储主席鲍威尔也发表了类似的声明。结果，市场在这次历史性崩盘之后，在短短的一个月里就收回了约 2/3 的失地，甚至比 1987 年反弹的速度还要快。在 2020 年的新冠肺炎疫情引发的大崩盘之中，美联储救市的力度空前绝后，比格林斯潘和伯南克时期更甚。从市场技术反弹的力度来看，市场对于美联储拯救市场能力的信任越发根深蒂固了。

1996 年，股市的市盈率和股息收益率都显示市场被严重高估了。当年 12 月，格林斯潘发表了著名的以“非理性繁荣”为主题的演讲。格林斯潘的评论让市场普遍认为，他对股市的投机行为非常担忧，因此美联储正打算采取一些措施，抑制市场的过度投机。在格林斯潘的演讲结束之后，日经指数闻声暴跌了3%。当晚，全球的其他市场如多米诺骨牌一般纷纷倒下。格林斯潘演讲完毕下班回家之后，他的太太问他："我今天看到你在电视上讲话，后来市场就暴跌了，你到底都讲了些什么？"格林斯潘微微一笑说："你觉得呢？"之后，格林斯潘因为他的"非理性繁荣"的言论而受到了共和党国会议员的公开批评，认为他作为一个美联储的重量级人物不应该公开地"唱空经济"。然而，格林斯潘还是在1997年3月上调了联邦基准利率，市场在短暂下跌之后重拾升势。这时，格林斯潘的言辞重新回到了"理性乐观"的主题。格林斯潘向国会保证，美联储并非，也不会针对股市，他本人也无意唱空股市。在1997年7月的一场演讲中，格林斯潘将当时股票价格的上涨归因于温和的通胀、长期下行的利率和投资者的预期。他认为，在那样一个相对稳定、低通胀的市场中，利润率和盈利增长将保持稳定，股票价格将不断上涨。

到了1998年夏天，格林斯潘把股票价格的上涨看作新经济"良性循环"的关键。格林斯潘认为，如果企业持续在信息技术领域保持高投资率，只要工资水平保持相对稳定，那么已在高位但仍然不断上涨的股票价格不仅是理性的，而且会有助于投资持续增长。投资新技术提高了生产率，并因此降低了生产成本。如果是这样，未来的预期利润只会更高，股票市场也将有效地把未来不断上升的利润反映在越来越高的股票价格上。股市上涨产生的财富效应将拉动消费，刺激社会总需求，使下一步投资变得更有利可图。随着股票价格的上涨，资本成本降低，额外的新投资也就很容易获得融资。这就是格林斯潘所说的“良性循环”。

格林斯潘多次把证券分析师向上修正企业长期盈利预测作为市场上涨的一个关键。他认为正因为如此，投资者才会不断入市，并造就了历史上最著名的牛市之一。然而，格林斯潘也担心股票价格上涨对总需求的财富效应会导致通货膨胀，因此美联储开始加息。尽管格林斯潘对新经济的“良性循环”发表了乐观言论，但他和其他美联储官员也不得不开始着手研究股市泡沫的问题。

1999 年夏天，格林斯潘在国会的证词中表示，他在一定程度上是接受市场投机理论的。他在证词里说：“历史表明，由于乐观情绪可能随着经济的长期扩张而增长，所以资产价格将攀升到不可持续的水平。”这时，他开始对自己的“良性循环”理论有所保留，他告诉国会：“这是一种毫无根据的狂热，会把股票价格推到难以承受的高度。”但格林斯潘最终还是坚持他的有效市场的初衷，认为泡沫只有在形成后才能察觉。他说：“要想提前发现泡沫，就需要成千上万的投资者同时做出完全错误的判断。然而，所有投资者集体错判的可能性是很小的，因此做空市场非常危险。”

1999年，在杰克逊霍尔货币政策研讨会上，格林斯潘在有效市场假说和市场投机理论之间显得摇摆不定。格林斯潘在演讲中提及，当危机出现时，人性的恐惧会诱发市场的非理性倾向。但格林斯潘仍坚持广大投资者判断的合理性："要预测泡沫即将破灭，也就是要预测资产价格将会暴跌。而这个价格是由成千上万的投资者集体判断所决定的。这些投资者中的许多人非常了解上市公司的前景，因此，他们集体错判的概率很小。”

在这次研讨会上，伯南克也发表了演讲。伯南克认为，如果有效市场假说成立，那么泡沫根本就不会存在。伯南克认为股票价格可能会因为基本面或非基本面因素的变化，或因为两者的同时变化而产生变化。这个对于有效市场中非基本面因素的论述,似乎显示出伯南克在向市场投机理论倾斜。他还认为，由于很难将市场价格的变化完全以经济基本面的变化来解释，投资者在市场泡沫中将表现出“非理性行为”。然而，伯南克在泡沫无法预测这一论点上比格林斯潘更极端。他认为，“即使在泡沫形成之后，也很难确定它，甚至不可能确定任何异常的市场波动就是泡沫”。显然，尽管口头上否认泡沫的存在和预测，但1999年夏天股市的泡沫已经开始吸引美联储官员的注意。然而，美联储的有效市场的倾向使它继续坚持泡沫无法预测的原判。这时，美联储的论调在新的事实例证面前基本上就变成了“睁着眼睛说瞎话”。

在 2000 年 3 月市场见顶后，美国股市进入了大熊市。互联网泡沫破灭的过程与加尔布雷思对股市泡沫破灭后常见现象的分析非常吻合。随着安然、世通等大型企业倒闭，安达信会计丑闻被曝光，那些在泡沫时期被誉为有远见的企业家、金融家成为千古罪人，有人甚至锒铛入狱。对于格林斯潘的信誉损害最大的，是投资者在证券分析师的鼓吹下疯狂买入那些价值相对于其盈利能力被严重高估的互联网高科技股。然而，直到 2000 年 12 月，互联网泡沫破灭之后的九个月，格林斯潘仍然声称，股票价格攀升是建立在成千上万名证券分析师对盈利预期持续上调的基础上的。这些分析师对企业长期收益的预测是基于“他们与企业管理层的密切沟通”。他们对于技术进步产生的协同效应和网络经济的潜在收益有着非常清楚的认知。在 2001 年，当股票价格暴跌迫使美联储官员不得不承认股票价格泡沫已经破灭时，格林斯潘继续坚持有效市场假说。他认为，识别泡沫及其最终的破灭异常困难，因为价格波动往往反映了不断变化的基本面因素，资产价格的上涨就是对泡沫的预测这一认知很可能与投资界背道而驰，如果人们已经意识到资产泡沫，那么资产价格就不会这么高了。

然而，随着大众越来越认清一些分析师的嘴脸和割韭菜的各种伎俩，格林斯潘也开始批评那些曾经为他的有效性市场观点提供论据的证券分析师。这时，连格林斯潘也不得不承认，分析师一直过分乐观，因此夸大了长期收益的预测。他为自己辩解说，这是由于一些上市公司为了卖股票，要和承销股票的证券公司的分析师搞好关系。这与加尔布雷思对泡沫破灭后的描述是一致的：华尔街的经济学家、证券分析师在 20 世纪 90 年代唱多自己持仓的股票。这些曾经的所谓金融天才，很多都是不折不扣的骗子。

在 2002 年的杰克逊霍尔货币政策研讨会上，格林斯潘在他的开场演讲中试图解释 20 世纪 90 年代的大牛市。格林斯潘本来想提出一个有效市场学派的解释，但最后听起来却像一个市场投机学派的分析。他认为，随着创新步伐加快，盈利预期上升，股票价格因为股票的实际风险溢价相对于债券收益率下降而上涨。格林斯潘承认，20 世纪 90 年代的市场可能是非理性繁荣。他说："如果实际风险溢价下降，导致波动率永久性降低，那么股票价格本可以稳定在 2000 年夏天的水平。问题在于，只要短期内市场把预测毫无根据地线性外延，就有可能将股票价格推到无法承受的高度。"然而，在同一个研讨会上，伯南克在发言中仍然坚持泡沫根本无法识别的观点。他认为，市场的定价依靠于金融专业人士对"不可观察的基本面"的估计，而这个共识已经反映在资产市场价格上了。

市场泡沫的政策应对

即使泡沫可以被察觉，泡沫破灭也将导致经济活动大幅萎缩。格林斯潘和伯南克都认为没有任何政策可以预防和控制泡沫。格林斯潘不同意货币紧缩可以减少总需求，从而逐渐调控股票价格的观点。他提出在利率上调之后，股票价格往往会上涨。从事后验证的角度来看,股票价格会随着利率的上涨而上涨，这是因为在格林斯潘时期，股债之间回报率是负相关的。这是当时对冲基金构建它们的对冲投资组合时最重要的理论基础：市场下跌的时候，以债券的回报来对冲股市的风险。对冲基金也因此得名。在格林斯潘的理论中，似乎有一种与市场投机理论不谋而合的共识：历史表明，泡沫往往不是逐渐或线性地缩小，而是难以预料地突然崩溃的。然而，格林斯潘最后还是回到了理性市场理论，他认为长期的经济扩张促使人们“更理性地承担风险”，而这种行为模式是很难通过适度收紧货币政策来避免的。

对于格林斯潘和伯南克来说，适当应对市场泡沫的政策原则，就是在市场上涨的时候避免用政策来刺破泡沫。货币政策只用来控制股市上涨产生的财富效应，以及其带来的通胀压力，就像 1999—2000 年美联储上调基准利率那样。当泡沫破灭时，中央银行应该采取宽松货币政策来提供充足的流动性，将实体经济和金融部门受到的损害降至最低。这种政策的选择，很可能与伯南克对日本央行在 20 世纪 80 年代后期对于日本资产泡沫调控失败的研究有关。

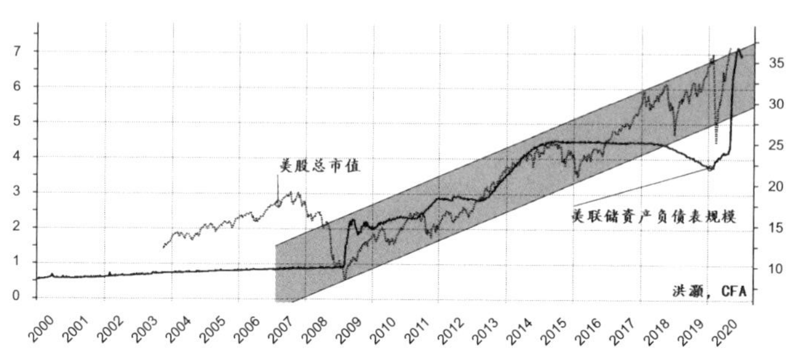

图 2.3 市场危机时，美联储马上扩表，美股总市值随之恢复并上升

注：美联储资产负债表规模（左轴，万亿美元），美股总市值（右轴，万亿美元）。
数据来源：彭博，作者计算。

在如何应对不断膨胀的市场泡沫这个问题上，格林斯潘、伯南克和凯恩斯的市场投机理论倒是基本一致的。他们都认为，收紧货币政策在抑制泡沫方面确实是无效的。早在 1928 年，凯恩斯就提出，紧缩的货币政策只能引起经济萧条，而经济萧条将抑制股票价格上涨。伯南克引用了凯恩斯在 1930 年出版的《货币论》中的言论，认为美联储在 20 世纪 20 年代过高的利率对投资产生了负面影响，导致了 1929 年的股市崩盘和后来的大萧条。加尔布雷思在他的著作《1929 年大崩盘》里写到，市场上最善意的谎言是，相信美联储，特别是美联储主席这样的大人物能够有效控制金融和经济的繁荣与衰退。

加尔布雷思在《1929 年大崩盘》以及随后的著作和证词

中，对处于早期阶段的投机泡沫提出了两项具体的政策建议。第一，美联储主席等政府官员应该公开警告股市正处于非理性高位。当然，这需要一定程度的政治手腕和勇气。格林斯潘发表“非理性繁荣”言论后，遭到了国会中的共和党人的谴责，当时格林斯潘似乎知难而退了。第二，美联储应该提高保证金要求。如有需要，把保证金直接上调到100%。美联储的这些言行和政策，对于抑制投机的心理的综合影响将是巨大的。

然而，格林斯潘和伯南克都不认为通过提高保证金要求就可以有效控制泡沫。格林斯潘认为，保证金的数额太小，投资者可以从其他方式借钱加杠杆，或购买期权等。这些行为都将推升股票价格。格林斯潘也不认同投资者会将保证金要求上调解读为美联储将很快收紧货币政策以戳破泡沫的信号，除非这样的政策被实际执行，否则市场是不会理会美联储的言辞的。显然，我们在之后的内容里将要讨论的，中国市场2015年夏天的那一场泡沫的经验，有力地反驳了格林斯潘的这个观点。有趣的是，虽然伯南克拒绝了加尔布雷思的政策建议，但是他认为投资者教育可以使投资者更理性地参与市场投资。

格林斯潘和伯南克的理论对资产价格泡沫的影响是显而易见的。在长期担任美联储主席期间，格林斯潘经常谈及政策造成的道德风险，但同时又大力宣传自由市场和机构监管最小化。格林斯潘拒绝对金融衍生品和对冲基金进行监管。例如，美联储组织营救对冲基金长期资本管理公司就造成了巨大的道德风险。格林斯潘和伯南克认为，因为股票价格上涨可能是理性的，所以应该让股市泡沫自然发展，然后在泡沫破灭后推行异常宽松的货币政策。这种货币政策的思维，鼓励了资产价格泡沫不断出现，制造了一种新的道德风险。

在《投机理论》一文中，巴舍利耶的著名结论之一是，“投机者回报的数学期望值等于零”。通过寥寥数字，巴舍利耶全盘否定了证券分析师这个职业——但这个结论似乎有些言之过早了。法玛在他的论文里从未提到证券分析师这个职业一钱不值。事实上，法玛曾在论文里写到，一些出色的分析师是可以帮助股票价格即时反映市场信息的，而“在这些出色的分析师影响下的市场里，基本面分析对一般的分析师和普通投资者就变得毫无用处了”。此外，法玛的研究证明了低估值、高贝塔小盘股从长期来看是可以战胜市场的，并量化论证了市场里的一些价格无效现象的持续性。法玛的量化模型使基金经理大卫·布斯名利双收，芝加哥大学布斯商学院就是以这位基金经理的名字命名的。与此同时，希勒的理论显示，“股市的起伏会淹没个股信息，使有效市场假说不大适用于整体股市”。凯恩斯、加尔布雷思、萨缪尔森、法玛和希勒等学者的重要著作，证明了股市的未来走势在一定程度上是可以预测的，但个股走势的预见度则较低。因此，宏观策略师的一项重要工作就是，认识到掌握市场时机并非“一门无用的科学”，即使市场择时只适用于少数有准备、有把握的人。

实例：2015 年夏天的中国泡沫

无论再怎么炒作，二加二仍然等于四。

——塞缪尔·约翰逊

2015 年夏天，中国股市从 2014 年年中的 2000 点左右，迅速飙升了 3000 点，达到 5000 点的高峰。2015 年 6 月 15 日，上证指数开盘于当时市场周期的最高点 5174 点。但当天收市的时候，上证指数跌了 2.1%，是当时近两周市场最大的单日跌幅。当然，2.1% 的单日跌幅在 A 股的历史上并不罕见，市场大众当时觉得这只是一次普通的回调。毕竟，市场在 5 月 28 日有过一次近 7% 的单日暴跌。在那样剧烈的单日暴跌面前，2.1% 的调整有一些小巫见大巫的味道。而且，当时中国人民银行已经开始通过降息和降准大幅放宽货币政策。《人民日报》甚至认为，“4000 点才是牛市的起点”。市场坚信，政府部门是不会让市场倒掉的，中国正在经历着中华民族的伟大复兴，而这种宏伟的愿景也应该从股票价格上表现出来，让普通的散户也能分享这个伟大的复兴进程的利益。这个想法，从表面上看似乎没有什么大的问题，也似乎和上文讨论的，加尔布雷思对市场泡沫时期出现的社会现象之一——相信“大人物”非常吻合。市场相信有“大人物”的存在，而“大人物”是不会眼睁睁地看着市场下跌的，一定会出手相救。

6月13—14日是周末，我在埋头赶一篇题为“伟大的中国泡沫：八百多年历史的领悟”的研究报告。写这篇报告的目的是，向市场投资者预警当时泡沫即将破灭的风险。因为根据我的知识架构和市场经验，当时A股市场密集分布的极端回报率和极速的换手率，是市场泡沫快要见顶的重要标志。当时，自由流通股在中国的平均持仓时间为一个星期左右。相比之下，1990年中国台湾的泡沫濒临破灭时，股票的平均持仓时间在两个星期左右。换句话说，2015年6月的时候，A股的换手率比1990年中国台湾的泡沫濒临破灭时还要快约一倍，而当年中国台湾的泡沫最后以暴跌80%收场。2015年夏天的A股市场里，所有人都在忙于寻找下一个接盘侠。然而，随着小概率的极端回报不断累积，投机利得必须加速上升以补偿投资者承担的日益累积的风险。但维持这种系统稳定的概率也在迅速递减，久而久之，则无以为继。

“历史经验表明，未来6个月将是一个泡沫破灭的关键时间窗口。”我在6月15日的市场预测报告中写道。6月16日该英文报告被翻译成中文之后正式发表。我也很荣幸在当天市场开盘之前，在彭博社做了一个约半小时的专访。6 月 16 日，上证指数暴跌 162 点，明显收于 5000 点以下。余下的就是历史了。虽然从 2016 年 2 月开始，上证指数有所修复，但是直到 2018 年 10 月 19 日下跌到 2449.197 点，才最终止跌，并开始逆转下行的趋势。很有意思的是，这个最终的低点，和我在 2016 年 6 月 6 日发表的市场报告《市场见底：何时何地》里预测的最终市场底部会位于 2500 点附近完全吻合。或许正因如此，彭博社把我誉为“预测中国市场泡沫始末的人”。

2015 年 6 月的中国市场明显是一个巨大的泡沫。随着上证指数迅速飙升超过 5000 点，当时专业的基金经理之间流行的一个策略是随行就市，但如果市场有任何风吹草动，就马上斩仓离场。当时，市场几乎每天都有万亿元的成交额，打破了世界纪录——是美国的一倍多，而且轻易地使任何其他市场相形见绌。同时，上证指数几乎以垂直的形态快速飙升。天量的成交额，同时伴随着密集分布的极端回报率，是一个泡沫在其最后阶段的标志。当时我们面临的问题是：这个泡沫能有多大，能持续多久，以及这场轰轰烈烈的泡沫将如何收场？

这些问题都没有简单的答案。我们可以用上文提到的格林斯潘的“理性泡沫”理论来解释 2015 年夏天的 A 股市场。根据格林斯潘的理论，这个“理性泡沫”生根于一个理性的现代金融定价公式。回想一下，如果以永久的期限对公司股票的盈利（E）进行折现，公式里的折现率（R）和增长率（G）之间的差异决定了公司的估值市盈率（P/E）。或者简单地用公式表示为P/E=1/（R–G），用文字来表达，也就是股票的盈利收益率（E/P）等于公司的净资金成本（资金成本和增长率之差）。折现率和增长速度之间的差值越小，公司最终估值的倍数就越高。例如，如果该差值为1%，那么公司对应的估值倍数则为100倍。

1938年，约翰·冯·诺依曼提出了一个极端的例子：如果贴现率等于增长速度的话又将如何？他的研究论证了在平衡增长的经济里，增长速度始终等同于市场利率或折现率。在这种极端的情况下，股票的估值将是无穷的。这就是著名的“成长股的悖论”。在一个利率迅速下降的实体经济里，用这个悖论可以证明的是，成长型公司的估值倍数应该是非常高的。当时中国经济经历的降息降准就是这种情况。只要折现率和增长率之间的差值迅速缩小，估值倍数甚至可以是无限的。只要利率趋同于增长的速度，即使增长速度放缓，估值也会很高。这个悖论似乎能够解释当时的市场面临的难题：中国市场的崛起似乎有理性的根源，但最后的结果却有很大的非理性成分。

这个观察与格林斯潘试图在有效市场假说和市场投机理论之间找到折中点似乎是一致的。当时，在中华民族伟大复兴的宏大愿景下，市场将上市公司的盈利增长的潜力大幅上调。许多创业板公司的盈利非常有限，然而在愿景的驱动下，它们的估值达到了几百倍的市盈率，并出现连续拉涨停的局面。或许央行认同格林斯潘和伯南克的理论，认为市场的泡沫或许是无法预测的。而当时中国经济的增速其实是在不断放缓的。如格林斯潘所想的那样，既然市场泡沫无法预测，甚至如伯南克所想的那样，在泡沫破灭之后也无法识别，那么当时货币政策的当务之急是，实施宽松货币政策以稳住不断放缓的经济增速，而不是收紧货币政策去控制市场泡沫。根据格林斯潘的思路，如果当时贸然地收紧货币政策，那么市场泡沫破灭，财富效应转负，最终将压抑市场对实体经济的投资意愿，打破“良性循环”。那样的话，在泡沫破灭之前，在不需要马上直面泡沫崩盘之后的一地鸡毛时，放松货币政策来支持实体经济，同时以宽松的货币政策稳住市场，似乎是政策抉择中的上乘之选。毕竟，即便最后泡沫轰然破灭，还是可以遵循格林斯潘的思路，通过大幅放松货币政策来化解泡沫破灭之后带来的对经济和市场的冲击。反正，无论是有效市场学派，还是市场投机学派，对于泡沫破灭之后的政策应对，都是大幅放松货币政策。如果是这样，泡沫在破灭前能否被识别，又有什么关系呢?

当时的中国股市出现了 A 股历史上从未出现过的惊人一幕：尽管各项经济基本面指标都开始不断放缓，但上证指数和其他主要股指，仍以几乎垂直的形态飙升，与经济基本面相背离（见图2.4）。之前的A股市场与经济的走势基本上是一致的，从1990年初期，A股市场正式开启之后，到2015年之前便是如此。有读者或许不认可这个观察，认为A股的走势与中国经济的基本面没有关系。我认为，这是对A股市场最大的误解。之所以观察不到股票市场和经济基本面的相关性，是因为中国的A股市场往往领先实体经济大约6个月。同时，我们在做比较的时候，还应该注意到，股票市场的定价是边际的，而不是总量定价。也就是说，是股票市场的回报率在反映市场经济的增速变化，而不是股票市场指数的绝对水平在反映经济的总量。当我们把经济基本面的时间滞后性做了调整，并同时调整股票市场边际反映实体经济的方式之后，就可以清晰地展示出，A股和经济其实是息息相关的。

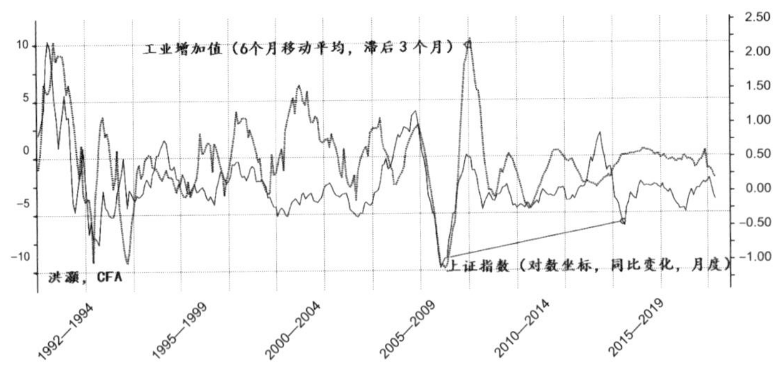

图2.4 上证指数多年来一直反映了经济基本面，除了2014年年中至2015年年中

注：工业增加值（左轴），上证指数（右轴）。

数据来源：彭博，作者计算。

然而，市场上没有永远生长的魔豆。我们需要界定的是，在给定范畴里的市场价格的极限。在我们之前已经有很多人曾试图定义这个极限，但是失败了。就在 1929 年 10 月大崩盘的前夕，著名的普林斯顿大学教授约瑟夫·斯塔格·劳伦斯宣称："在一个巨大的市场里，在证券交易所投资的数以百万计的股民对股市做出定价。他们当下判断的共识是，股市在目前并没有被高估。"他进一步问道："那些似乎博古通今的人，是谁赋予他们权力否决市场聪明的投资者的判断共识？"如今，我们都知道那个故事的结局，对于泡沫的学术研究也取得了很大的进展。即便如此，我们还是没有看到有一个模型可以稳定地预测泡沫的形成和破灭——否则我们也不会都坐在这里上班了。在科学上，我们用奥卡姆剃刀原理或简约法，来确定一个理论的实用性。一个理论越简单，用的模型变量越少，对于将来预测的把控也就会越好。从这个角度看，虽然那个著名的 LPPL（对数周期性幂律）模型有过成功的预测，但是有点复杂。同时，LPPL 模型也没有预测到 2015 年 6 月的那场泡沫。

在前文的讨论里，我们也回溯了格林斯潘和伯南克的心路历程。与市场投机学派相反，他们认为市场的泡沫在破灭前是非常难以界定的。伯南克甚至认为，即使在泡沫破灭之后，泡沫也无法被准确识别。市场投机学派则认为，人性的贪婪、未来的不确定性和极低的交易成本，可以让市场快速偏离，观察不到基本面所决定的价值。人性的贪婪总是令人希望可以不劳而获、一夜暴富，这种心态再叠加未来的不确定性，使市场参与者努力的重点，并非研究持有股票的长期收益，而是揣测其他参与者对股票价格的心理预期。同时，由于市场具有良好的流动性，交易成本极低，营造了一种市场流动性极好的幻觉，使市场参与者误以为手上的仓位可以随时兑现。在这样虚假的担保下，积极参与市场投机以获得一夜暴富的机会，似乎是最好的选择。

当时的A股市场,把这些投机泡沫的特征展示得淋漓尽致。每天上万亿元，甚至是两三万亿元的成交量，让人们觉得市场的流动性似乎非常好，必要的时候可以全身而退。极快的换手率和极短的持仓时间显示，人们觉得自己比别人聪明，期待着找到下一个接盘侠使自己一夜暴富。

尽管市场投机理论的基础非常扎实，逻辑非常严谨，也因此成为经典，但这个理论并没有告诉我们辨别泡沫顶点的方法。当然，对于泡沫顶点预判的可能性隐含的逻辑，就是分析师会比其他参与者聪明。这是一个非常大胆的假设，要从市场成千上万的参与者共同决定的价格中找到瑕疵，识别泡沫见顶的信号，是一个非常具有挑战性的任务。然而，我们去做一件事情,并不是因为它容易做。识别泡沫见顶这个任务非常困难，几乎不可能。但也正因为如此，去完成这个任务才更有意义。

我们觉得，从历史数据中寻找一些线索去预测未来，反而会更有把握。正如古人所云，读史使人明智。

2015 年的夏天，我花了大量时间研究分析了一共 800 多年的全球金融数据，从 17 世纪的英国股市，到 18 世纪的黄金和白银价格，再到 19 世纪的美国股市，以寻找识别泡沫的规律。我们的量化研究表明，一个典型的泡沫的发展往往需要 5 年左右的时间，并接近其峰值时展现出的密集的极端回报率。在一般情况下，当对数回报率持续偏离它的长期趋势超过两个标准偏差时，就是泡沫正在形成的标志。从发现泡沫，到泡沫最终破灭，通常需要大约 6 个月的时间。我们利用这个方法发现了 26 个历史上的泡沫，有 21 次是正确的。图 2.5 显示了极端回报率的分布情况和中国市场指数之间的关系。上述从 800 多年的全球数据中发现的规律，清楚地表现在这个图里：第一，随着泡沫进入高峰期，极端回报率开始密集分布；第二，极端回报率的密集出现往往先于泡沫的高峰期大约 6 个月；第三，这些极端回报率属于回报率概率分布的前 5%。

也就是说，密集分布的极端回报率和过快的换手率是泡沫出现的标志。2015 年 6 月到 2016 年初，是警惕泡沫破灭关键的时间窗口。随着泡沫进入高峰期，极端回报率密集分布的原因是直观的。交易员时刻都在评估比较继续保持仓位的回报率和现在马上兑现仓位的回报率。随着市场的上涨，回报率

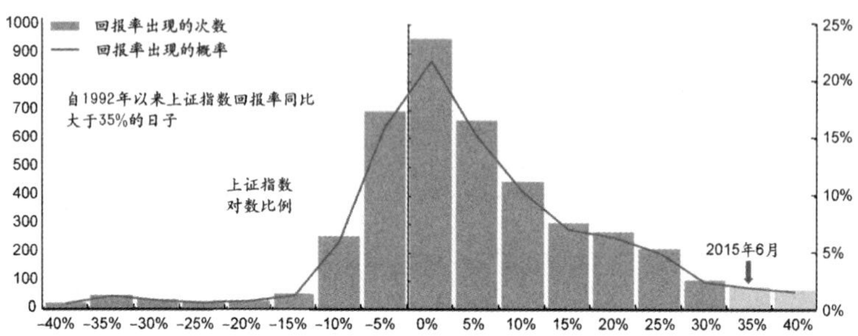

图 2.5 泡沫高峰 6 个月前极端回报率开始密集分布，当时回报率出现的概率 <5%

注：回报率出现的次数（左轴），回报率出现的概率和上证指数对数比例（右轴）。

数据来源：彭博，国家统计局，世界交易所联合会，作者计算。

变得越来越高，在样本分布里出现的概率也越来越小。因此，随着回报率出现的概率下降，市场的收益率必须飙升，使预期收益率足够补偿交易员继续停留在市场里所要承担的风险——这就是为什么市场指数在泡沫的后期将近乎垂直爬升。然而，由于这些小概率事件在泡沫峰值附近不断积累，市场进一步上涨的可能性变得越来越小，直到极端回报率出现的概率变得非常小，使泡沫的崩溃最终不可避免地到来。

如果这种解释成立，那么我们一定会看到市场换手率随着极端回报率的密集出现，在接近市场顶峰的时候加速——就与 2015 年 6 月市场出现的情况一样。这是因为交易员开始在不断缩短的时间窗口里内部评估自己仓位的风险，他们在试图完美地选择平仓的时间窗口。如果换手率加速和极端回报率的密集出现并发，这种情况应该可以领先市场泡沫的峰值长达半年左右。而在 2015 年 6 月，市场面临的情况的确如此（见图 2.6）。在进行了自由流通股票市值的调整后，当时中国市场的股票平均持仓时间为一周左右——这是市场投机交易白热化的一个重要标志。大家都在忙着寻找接盘侠。值得注意的是，在 1989 年中国台湾泡沫的顶峰阶段，自由流通股票每年换手率接近 20 次。也就是说，在中国台湾泡沫的高峰期，自由流通股票的平均持仓时间大约是 15 天——比 2015 年中国股票市场的平均持仓时间长一倍。

中国的市场泡沫会在什么样的峰值水平破灭？这是一个比较难回答的问题。一个中国的市场谚语这样说道："牛市不言顶。"如前文所述，格林斯潘也曾说："泡沫的发现往往是后知后觉的。如果泡沫可以提前发现，那么也就是说成千上万的掌握着各种信息的投资者都是错的。与市场对垒通常没有什么好下场。"因此，大多数人宁愿让自己的声誉"顺势失败，也不要逆势成功"。

在 2015 年 1 月 29 日，我为彭博社写了一篇题为"中国 2015：泡沫化国度"的市场展望报告。在这个报告里，我预见了中国股市将在 2015 年泡沫化。同时，通过比较债券和股票的收益率，我把指数目标价设定为 4200 点，而市场当时仅仅在 3100 点左右。到了 2015 年 6 月，这个目标价就显得太保守了。自从市场迅速、强势地突破了我的目标价 4200 点后，我认识到市场强大的向上冲刺动能，从那以后就再也没有设定特定的市场指数目标价格了。

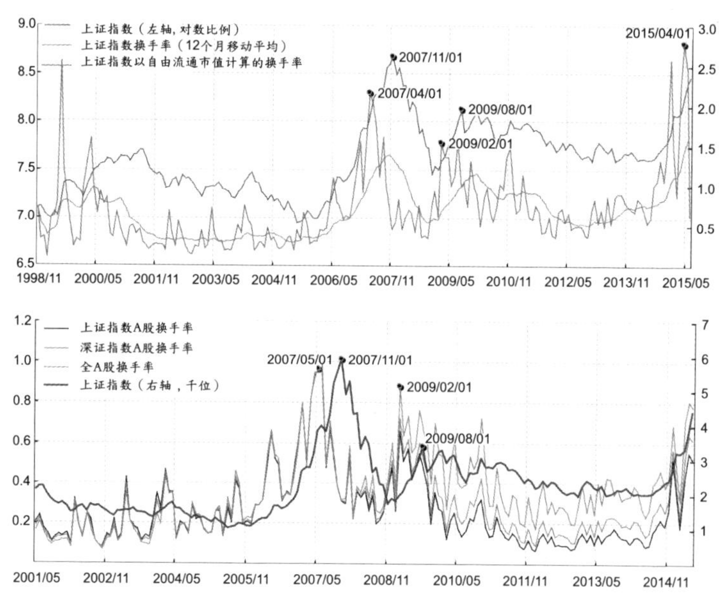

图 2.6　自由流通股票每个月换手三次，平均持仓时间大约一周

数据来源：彭博，国家统计局，世界交易所联合会，作者计算。

尽管已经经历了几轮降息，但中国实际有效利率在考虑到消费和住房价格的通胀之后仍然高企。也就是说，中国将继续宽松的货币政策路径，以真正降低中国经济的债务负担。而实际有效利率往往可以领先市场的走势长达 6 个月左右，与上述讨论的变量确定的市场峰值的时间窗口基本一致（见图 2.7）。

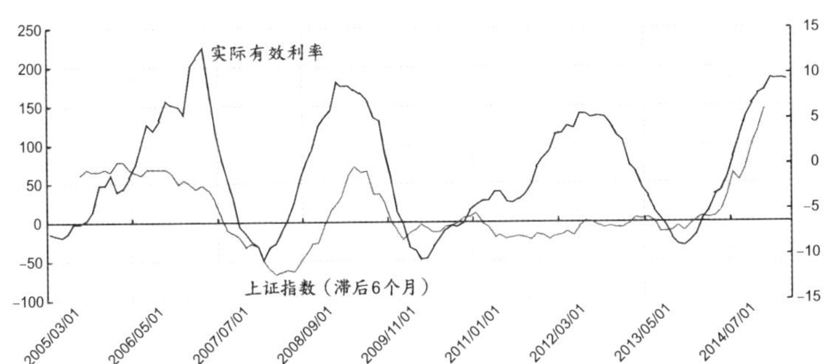

图 2.7 2015 年夏天实际有效利率仍然高企，暗示货币政策将持续宽松

注：上证指数（左轴），实际有效利率（右轴）。

数据来源：彭博，国家统计局，世界交易所联合会，作者计算。

1929 年的大崩盘等先例已经证明，预见泡沫破灭的时间点是非常困难的，而金融市场崩盘很少发生在经济不景气的时候。例如，大崩盘前夕，美国的宏观数据都处于良好状态。大崩盘之前胡佛当选总统后也保持了乐观的政治气氛。事实上，声名显赫的哈佛经济学会在大崩盘之后的几天宣称："如果 1920—1921 年那样的大萧条不在概率范围之内，那么我们并没有面临一场旷日持久的清仓行动。"如此不合时宜的灾难性预测最终导致了该学会在 1932 年关门大吉。

在 1987 年的"黑色星期一"，道琼斯指数在开盘后不久便下跌了 200 点，但随后又恢复到 2100 点之上。当时看来道琼斯指数似乎能以约 200 点的亏损便调整到位，直到下午 2 点 45 分，一轮新的大规模抛售潮开始，导致道琼斯指数如自由落体一般在收盘前暴跌了400点。然而，这还不是悲剧最后的结局——后来人们发现，由于市场极端放量下跌，交易所电脑的运行速度滞后于市场交易时间几个小时。最终道琼斯指数的暴跌超过了500点，跌了约22.6%——这是道琼斯指数有史以来最大的单日跌幅。

显然，许多先知并不能预测泡沫崩溃的时间点，而未来也将如此。我在2015年6月16日泡沫到达顶峰即将破灭的时刻发表的报告，仅仅触及了问题的表面。在2020年写作本书的时候，在泡沫破灭了5年之后，我也不需要改写太多5年前的报告文字。当时面临的形势并没有简单的答案。即便成功预测了2015年股市泡沫的破灭，我们也不能保证在下一个泡沫来临的时候，我们没有被市场投机的热潮冲昏头脑。然而，我们应该听从凯恩斯的建议："让亚当·斯密负责那些长篇大论的理论书籍……我们只管活在当下，指点江山，激扬文字，让写满了评论的纸张轻得可以随风飘扬。"或如鲍勃·迪伦唱的那样：答案其实就写在风中。

结　论

讨论了这么多，市场究竟是否可以预测？凯恩斯曾说，经济学家都有两张面孔，鲜有只有一张面孔的经济学家。凯恩斯的戏言很好地总结了经济学家回答问题的方式。当然，这种回答的方法面面俱到,并没有什么错。很多问题的答案是否成立，都需要有假设的前提。丘吉尔因为凯恩斯的这句戏言，也曾打趣地说道：“我特别害怕问凯恩斯关于经济的问题，他总是一分钟一个答案。凯恩斯恐怕至少有三张面孔。”

市场的可预测性，也是有前提条件的。在正常的情况下，市场往往反映经济的基本面。关于基本面的信息无时不变，并在有组织、有秩序的交易市场里迅速地反映在股票的定价里。由于基本面消息的出现是随机的，因此每天股票价格的波动似乎是无序随机的。或许，这就是 100 多年前，巴舍利耶思考的有效市场假说的雏形。巴舍利耶认为，股票价格的波动追随着类似微粒子在空间里随机碰撞游走的轨迹，由于“有无数的因子在决定着这些价格的波动，因此也不可能用数学公式来精准地预测。对于市场动态交易的预测从来就不是一门精确的科学……市场里的投机大众，在任何一个特定时点都无法定论市场的涨跌，因为每一个价格都有无数的买家及卖家并存”。

也就是说，市场在很短的时间里，几乎是无法预测的。这也是为什么每天都在斩钉截铁地预测当天股票走势的人，基本上都是骗子。然而，股票市场每天的赢面略高于 50%，长期形成了整体市场 3/5~2/3 的赢面。因此，从长期来看，股票市场的趋势总是向上的。又或者说，股票市场反映了人类社会不断进步的现实。巴舍利耶的投机理论虽然并没有回答市场是否可以预测的问题，但却为后来爱因斯坦的分子物理学奠定了基础。

后来的有效市场学派和市场投机学派之争，主要在于市场定价的方式，也就是泡沫是否可以预测。有效市场学派认为，股票价格反映了经济的基本面。每天关于基本面信息的变化，导致了股票价格的上下波动。如果股票价格明显偏离了其内在价值，市场中套利交易的力量就会进行高卖低买的操作，使市场价格重新回归股票的内在价值。同时，由于这些个股定价出现错误的概率是随机的，所以从市场的整体层面看来，这些定价的错误都会互相抵消，使市场整体的定价呈现出有效性。

市场投机学派则不这么认为。由于人性的贪婪、未来的不确定和市场流动性的偏好，短期的股票价格和基本面根本没有什么关系。基本面的历史数据和现在的信息都无法预测未来，而未来并非历史数据的线性外延。因此，只要市场是有组织、有秩序、有流动性的，那么贪婪的人性和人类自我高估的倾向都会让人们认为自己可以比交易对手更好地预测未来的价格，而低廉的交易成本和市场在正常时期貌似充足的流动性，让投机者误以为可以在市场崩溃之前及时全身而退。然而，在股票价格飙升进入疯狂阶段的时候，任何风吹草动都可以让市场价格瞬间崩溃。这时，整个市场对于流动性同时的挤兑将使流动性突然枯竭，从而套住了市场里几乎所有的投机者。有效市场假说试图用“理性泡沫”的概念来折中与市场投机理论的分歧，让有效市场假说更接近于现实。然而，尽管有效市场学派承认了泡沫的一种特殊形式，但他们仍然坚持认为泡沫无法预先发现，甚至在泡沫破灭之后也无法界定泡沫的存在。这只是一种为了维护有效市场假说的学术尊严的诡辩，一种无用的优雅，一种象牙塔里的世界观。

但两个互相对立的学派在泡沫破灭后应该实施的应对政策方面都非常一致，甚至在泡沫破灭前的施政方针上也有许多相似之处。凯恩斯认为，过度紧缩的货币政策是造成 1929 年大崩盘和其后大萧条的主要原因。有效市场学派的代表人物——美联储主席格林斯潘和伯南克，似乎都找到了货币政策的尚方宝剑：在市场上涨的时候，美联储不应该用货币政策来针对市场的上行趋势。这时，美联储货币政策的重点是市场上涨产生的财富效应，并因此产生的通胀压力。只要通胀可控，投资效率的上升将使经济产生一个良性循环，推动市场不断上涨。然而，在市场崩盘的时候，美联储应该承担市场“最后一个看护人”的角色。这时，货币政策要极度宽松，尽力为市场提供流动性。也正是这种货币政策倾向，在过去 30 多年的股市上涨中，市场的回报模式类似“美联储看跌期权”。市场只需要忍受有限的损失，也就是以购买看跌期权的溢价为投入成本，就可以获得看似无限的上涨回报。市场也因此养成了一个“逢跌必买，越跌越买”的投机习惯。市场投机学派对于市场崩盘后的这种宽松货币政策的取向，似乎也并没有太多的异议。

尽管如此，市场投机学派也没有解决如何预测泡沫的问题。从市场投机学派的假设来看，虽然市场定价并不理性，但是市场泡沫破灭的时点也是无法精准预测的。然而，在市场价格运行到极端，最终泡沫化之时的价格转折点，就会变得可以预测了。我在 2015 年 6 月 16 日对于中国股市泡沫达到顶峰的预测，就很好地证明了这一点。当时，市场高企的估值显示，市场泡沫逐步达到了顶峰。在估值显示市场泡沫极端化之后，我们可以从一些市场交易数据里量化地衡量市场的疯狂程度，以推测市场泡沫破灭的时间点。比如，在 2015 年 6 月泡沫达到顶峰的时候，市场疯狂的成交量营造了流动性充足的假象，而疯狂的换手率显示了投机者在急急忙忙地寻找接盘侠。这时，市场的游戏规则变成了预测每天的价格波动，而不是去预测持有股票的长期收益。显然，这个过程是不可持续的。在小概率的超高额回报率连续出现的时候，我们应该认识到这种事件在现实交易中出现的概率非常小，最后将无以为继。最终，也因为小概率事件的不断积累，市场继续飙升的概率越来越小。投机的癫狂，使市场轰然倒下。这时，所有人都希望离场，也就意味着所有人都无法安全离场。回过头来看，我在 2015

年 6 月 16 日对于泡沫破灭的时点、原因和触发点，以及泡沫破灭后最终的点位水平的预测，都是因为对的理由而做出的。

2020 年 6 月，美国市场的估值再次回到了历史的顶峰，凸显美股的泡沫化（见图 2.8）。即使经过了 3 月史诗级别的熔断崩盘，在美联储奋不顾身地再次充当市场最后的“救市主”之后，美国市场的估值又再次修复到历史高位附近，长期均值回归的过程中道而止。美联储的资产负债表规模，在短短的 3 个月里迅速扩大了两倍。当然，如前所述，市场是否有泡沫，和这个市场泡沫什么时候破灭，是两个截然不同的问题。美股市场的高估值仅仅回答了市场是否有泡沫这个问题。由于市场里散户的广泛参与，2020 年 6 月，就连美国市场的期权交易量都创了新高，各大网上交易平台的活跃度倍增，开户数目飙升。显然，市场成交量的跃升使市场参与者都认为市场里有充足的流动性，认为自己可以先于其他参与者安然离场，全身而退。这时，市场的游戏规则就不再是研究基本面、预测持有股票的长期收益了，而是变成了猜测市场其他参与者的心理价格，以期可以用更高的价格抛售给下一个接盘者。在泡沫破灭之前，市场会笑话那些踏空的人，认为他们不懂市场，不懂新经济。那些在市场上涨时赚到钱的人都会自诩为天才，而市场舆论往往也会给予他们支持，对他们顶礼膜拜。然而，那些现在赚钱的人，很可能不是金融奇才，而是金融骗子。看看风光一时的瑞幸咖啡轰然倒下的故事。在写作本书时，美国股市的每股盈利增速已经见顶了。在公司无力继续进行大规模公开市场回购以及托市的时候，每股盈利高速增长的光辉岁月很可能在相当长一段时间里成为泡影。

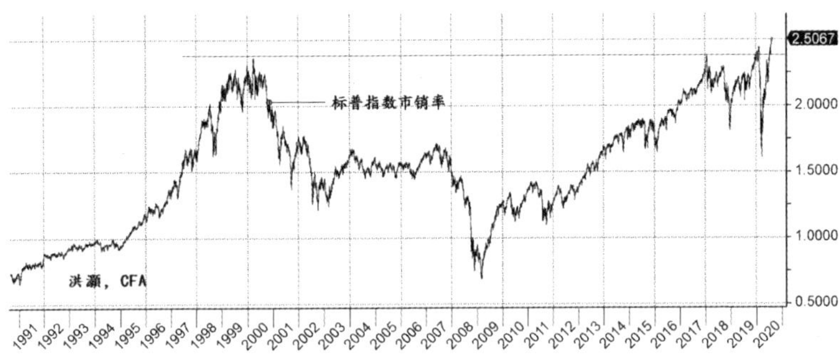

图 2.8 标普指数市销率回到了 2000 年泡沫时期的顶峰

数据来源：彭博，作者计算。

第 三 章

经济是否可以预测

经济学家，就是一个明天才知道为什么昨天的预测今天没有发生的人。

——劳伦斯·彼得

保罗·萨缪尔森曾说过：“过去的 5 次经济衰退，股票市场就预测到了 9 次。”这句话在经济学界里，已经脍炙人口了。由于股市和经济之间的关系非常密切，或者从直觉上说，如果是基本面在一定程度上驱动着股市，那么要预测股市，就不得不预测经济。这也是为什么中国市场里的宏观策略师往往还要承担经济学家的工作责任。有人说，中国的股市严重失真，早已经脱离了经济的基本面。在前文的讨论里，我们也论述了股市的定价可以如何与经济脱节。由于人性的贪婪、未来固有的不确定性、流动性好且交易成本低的市场的存在，通过基本面分析而确定短期股票价格，基本上是不可能的。在这样的市场里，人们希望不劳而获地赚快钱，市场上充足的流动性决定了投机者可以很快找到下一个买家，股票定价短期内可以完全脱离其所代表的公司的长期盈利能力。这么多年以来我们观察到的经典案例，往往都证明了这一点。如果是这样，那么预测经济还有什么意义？

在中国市场做市场预测的时候，我比较喜欢用上证指数作为预测的标的物。很多人可能会嗤之以鼻，认为上证指数早已失真，因此并不是中国经济基本面最好的反映。的确，由于历史原因，上证指数里的周期股和老工业板块、经济板块所占的比重非常大。一眼望去，上证指数的前十大权重股，是茅台、银行、保险和“两桶油”（中石油和中石化）等，这几个股票就已经占了上证指数权重的25%。然而，如果股市的定价在满足上述条件的时候可以完全脱离基本面，那么股市的预测在逻辑上就可以用任何标的物做指标。因为我们要预测的只是下一个投机者愿意为这只股票付出的价钱，而不是经济基本面决定的价值。很多投资者抱怨中国股票价格完全脱离了基本面，没有投资价值。然而，在一个投机市场里，市场是用来提供流动性的媒介，而不是用来有效定价基本面的工具。因此，我们选择预测标的时，应该找出最能反映市场流动性的标的，而并不是最能反映经济基本面的标的。上证指数历史悠久，同时在所有的主要金融报价软件里，中国市场往往是由上证指数来代表的，而不是其他一些狭义的指数，如上证50指数。这就像美国市场的报价往往是看标普指数和纳斯达克指数，而只有30个成分股的、等权重的道琼斯指数的报价往往只作为参考。

至于上证指数是否真实反映经济的基本面，我们在上一章已经论述过了，上证指数往往提前反映经济基本面的变化。同时，是上证指数的变化反映经济基本面的变化和中国经济增速的快慢，而不是上证指数的绝对点位水平反映经济的总量水平。在做了股票价格变化时间上的领先调整之后，我们就可以看到上证指数点位的变化，反映的是3~6个月之后经济增速的变化。在做了时间调整之后，中国股票市场和经济的一致性就会跃然纸上（见图3.1）。

图3.1 上证指数的变化提前反映了经济基本面的变化

注：名义国内经济增加值（右轴内），上证指数（右轴外）。
数据来源：彭博，作者计算。

当然，在中国市场里浸淫了多年后，我们也深深地感受到为什么许多投资者对中国的经济和股市之间的关系有诸多抱怨。在国外，当经济数据好并超预期的时候，股市往往会因为基本面好就马上有所反应。股市的这种效应，在一些重要数据发布的当天，比如制造业平均工作时长、每周新增失业保险救济金领取人数、消费品制造新订单、非国防资本耐用品（除飞机）新订单、ISM（美国供应管理协会）新订单、建筑开工许可数量、领先信贷指数、息差和消费者信心指数等，会非常明显。

当这些经济领先数据好于预期的时候，股票市场往往走强，而债券却会收益率上升、价格下跌。这是因为在经济表现良好的时候，央行加息的概率或者不选择宽松货币政策的概率往往会上升，导致债券收益率上升。同时，基本面好转将导致市场整体风险偏好上升，也会推动股票价格上行。而在经济表现欠佳的时候，对于央行实施宽松货币政策的预期将导致市场债券的收益率下降、价格上升。由于投资者对于经济前景看淡，股票往往在债券价格上升的初期下跌，形成一种对冲的效应。许多风险平价对冲基金都是按照这个历史规律进行资产配置和仓位调整的。可惜的是，在 2020 年 3 月市场史诗级的暴跌中，股债双杀，甚至连投资级别的债券也在几个星期之内跌去了 25% 的价值。这时，股债之间历史相关性的逆转，使债券失去了其对冲价值。许多大师级别的对冲基金经理纷纷马失前蹄。

在中国，市场参与者的博弈情绪非常浓重，往往采取逆向的思维对经济数据进行解读。比如，如果经济数据好于预期，市场往往就会解读为央行实施宽松货币政策的概率在下降，因此股票市场下跌。反之亦然。很明显，在中国市场里，市场的参与者并不那么关心基本面的好坏，而会关心基本面变化对央行实施宽松货币政策概率的影响，进而影响到市场其他参与者对股票定价的预期。在这样的市场里，投机主义占了上风，基本面分析则很难在短期内带来额外的收益。同时，这样的市场往往也容易沉溺于对流动性的臆测而出现波动，并在市场对充足流动性有强烈预期的时候产生泡沫化的趋势。可能这也是为什么在不做数据时间领先和滞后的调整时，中国股票市场的走势和经济基本面的变化似乎呈现负相关的关系：经济好，股市差；经济差，股市反而好。因为经济差的时候，股票价格里隐含着对宽松货币政策的预期。因此，市场参与者预期市场上的其他人将愿意为同一只股票给出更高的估值。同时，流动性的充足也将使市场参与者觉得自己可以在价格泡沫破灭之前全身而退。当然，在所有人都竞相奔向出口的时候，市场的挤兑导致没有一个人可以安全地走出去。

由上可见，中国股票市场对于经济基本面变化的反映，类似于美国的债券市场。尤其是最近几年，由于市场“资产荒”，部分股票投资者买股票的时候往往看的是股票的股息收益率。中国香港一些银行股的股息收益率可以达到 5% 以上，甚至更高，而一些公用事业股的股息收益率可以达到 7%~8%。买股票犹如买债券。渐渐地，美国市场也出现了类似的情况，股债之间的相关性由历史上的负相关变成了正相关。这是一个令人担忧的市场现状：当债券失去了其安全性和投资组合风险对冲的功能时，在下一次的暴跌中，股债双杀的情况将会更严峻。在债券收益率步入负数的时代，债券的价格久期趋向无穷。市场利率只要有细微的波动，就会引起债券价格理论上无限的损失。如果是这样，在下一次暴跌来临时，投资者将无处藏身。2020 年 3 月的史诗级暴跌，只是一次彩排预演。

如何预测美国经济

预测经济最重要的任务可能是预测经济运行的拐点。然而，多年以来，尽管数学理论和统计模型技巧已经突飞猛进，但对于经济拐点的预测仍然没有可靠的方法。美国有历史悠久的经济数据。早在 1937 年美国经济由于通胀压力上升而再次陷入衰退的时候，美国财政部部长小亨利·摩根索就让美国国家经济研究局（NBER）开发一组经济指标。当时，摩根索希望预测 1937—1938 年的经济衰退什么时候可以结束。这个经济指标开发项目，不仅让人们对经济拐点的预测有了一些系统性的认知，还整理出了一套追踪经济表现的表格，也就是现在做美国经济分析时大家都经常用到的国民收入和生产账户（NIPA）表格。很多人可能并不知道，现在大家耳熟能详并广泛使用的GDP指标，是到了20世纪40年代才开发出来的。NBER在经济研究领域里前瞻性的研究工作是功不可没的。值得一提的是，NBER是一家私立民间机构，并不隶属任何政府经济部门或党派。它客观而详尽的经济数据和分析，以及它倡导的对于经济周期运行的理解和预测，都为我们今天的经济分析理论和方法提供了扎实的基础。

到了1961年，美国商业部下属的经济分析局开始对其每月发布的经济指标进行领先、同步和滞后指标的划分。根据当年NBER开发的经济领先指标，美国经济分析局以经济重要性、统计准确度、拐点出现的时间、与过去经济扩张和衰退的吻合度、数据频率和数据及时性等为原则，选出了12个领先指标，最后修订为11个经济领先指标，每月发布。在美国，以通胀调整后的实际GDP来衡量经济增长的长期基本趋势，从1948年以来大约为每年3.8%。当然，经济增长有快有慢，经济扩张中往往也穿插着衰退。所幸，经历了这么多个经济周期，经济的扩张往往是主旋律，经济扩张的时间长度远远超过了经济衰退。经济衰退的出现，往往是因为经济过热使美联储为了压抑通胀而过度收缩货币政策，但同时也压抑了经济增长；又或者是财政部的财政政策过于紧缩，公共支出不足或减税不得力，最终导致经济衰退。当然，有的时候，经济也会因为一些外来的冲击而陷入短暂的衰退，比如第一次海湾战争导致了美国历史上为期最短的经济衰退。而20世纪70年代的石油危机，与其他一些伴随的因素一起，也导致了当时美国经济的衰退。从1854年起，美国经济的扩张最长约120个月，最短约10个月；美国经济的衰退最长约43个月，最短约6个月。

经过了这么多年的积累，有这么多的领先指标，我们是否可以比较可靠地预测美国经济的拐点呢？毕竟，美国仍然是全球最大的经济体，其经济周期的运行与欧洲国家、中国的经济周期运行高度相关。能够比较可靠地预测美国经济周期的起伏，也就意味着对全球经济周期的运行将有比较好的把握。

经济同步指标、领先指标和另类领先指标

世界大型企业联合会每月都会公布一组经济领先、同步和滞后指标。顾名思义，那些预测经济未来状况的指标是领先指标，反映经济现状的指标是同步指标，而滞后指标则是那些事后确认经济拐点的指标。有的读者或许会问，如果经济研究的最重要的问题之一是对经济拐点的预测，而有着悠久历史的经济领先指标可以指引我们大致判断经济的拐点，那么为什么还需要经济同步指标和滞后指标？在接下来的讨论里，我们会看到，尽管经济领先指标有着悠久的历史，但这些指标对经济拐点的判断并不是万无一失的。在过去100多年的经济历史里，

它们曾错误地预警过经济衰退的到来，同时也曾错过一些经济的拐点。因此，经济领先指标并没有完美地回答关于经济拐点预测的问题。我们还是需要同步指标来告诉我们，现阶段经济运行的情况，以及用滞后指标来检验经济领先指标对拐点的判断。

经济同步指标

世界大型企业联合会的经济同步指标包括非农就业人数、个人收入（除转移支付）、工业产出、制造业和贸易收入。一般来说，这些经济同步指标并不是决定市场走势的关键数据，因为它们只是在告诉市场参与者有关经济现状的信息。如果像有效市场假说认为的那样，市场定价完全反映了基本面的信息，那么这些同步指标的发布早已被反映在市场价格里了。如果像市场投机理论认为的那样，市场定价有时候甚至可以完全脱离基本面，那么这些同步的基本面数据，也就影响不了短期市场的价格。因此，经济同步指标的发布，很少能改变市场运行的方向。市场交易员往往只是把这些同步指标作为交易的参考和当前仓位的交叉验证。

然而，同步指标并非一无是处。这些指标的价值在于，它们有着悠久的历史，甚至可以回溯到第二次世界大战以前。同时，由于这些同步指标的统计和测量不太需要事后修正，所以它们会比领先指标更精准、更可靠。美国实体经济里最广义、最重要的部门是：就业、收入、产出和销售。比如就业数据中，每周新增失业保险救济金领取人数就是一个影响市场走势的高频数据。

由于新冠肺炎疫情在美国大范围暴发，2020 年 4 月以来，美国新增失业人数在几周之内就达到了 2000 多万，失业率超过了 20%，数倍于 20 世纪 30 年代大萧条时期的失业情况。这是现在所有人都从未见过的情况。这种极端的失业情况，很可能是美国自 2009 年大衰退复苏以来很多新增就业都是临时的服务业职位所导致的。同时，整个产业链由于物流管理技术的进步，逐渐变成了一个依赖于及时供应的物流系统。这些实体经济里的结构性变化都加剧了这次经济衰退的失业压力。同时，由于新冠肺炎极易传染的特性，甚至连许多高端职业，都出现了失业的现象。当然，从事高端职业的人群，由于平时收入较高，应该有一定的积蓄，所以他们在经济衰退中感受到的压力应该没有社会底层人民高。

至于工业产出和销售数据，它们在历史上曾经占有重要地位。这是因为在 1930 年末 NBER 设计的 NIPA 表格在演化为今天被普遍使用的 GDP 指标之前，工业产出和销售数据曾是衡量经济表现的重要指标。当然，在 20 世纪三四十年代，美国的经济仍然以制造业为主。因此，这些与制造业相关的数据或许是当时对经济情况最好的表述。

这些经济同步指标是以月度的频率发布的。高频率的发布让这些指标比每季度发布的 GDP 数据更具有时效性。而且，GDP 数据还经常会在一段时间后被显著修正，使这些数据对市场实时交易的影响很小。值得注意的是，经济同步指标并不会告诉我们经济增长的实际具体水平，而会确认经济运行的方向。对于同步指标这样的解读与我们之前讨论的关于预测的目标是一致的。GDP 实际增速变化与经济活动同步指标亦步亦趋的情况，如图 3.2 所示。

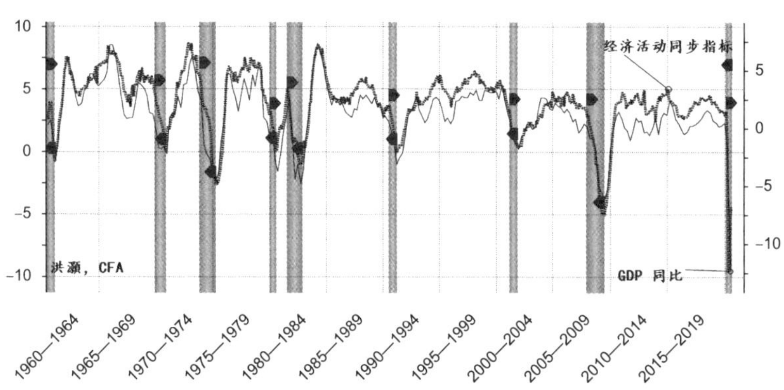

图 3.2 GDP 实际增速变化与经济活动同步指标亦步亦趋

注：GDP（左轴），经济活动同步指标（右轴）。

数据来源：彭博，作者计算。

经济领先指标

其实，经济领先指标也无法完全可靠地预测经济和市场。

世界大型企业联合会的经济领先指标里的成分数据，其实都来自其他经济数据统计机构。换句话说，构成领先指标的数据，其实在领先指标公布之前，就被市场参与者仔细地分析和研究过了。因此，我们也可以认为它们反映的经济情况早已计入市场价格了。同时，市场的价格是实时变化的。实体经济里的活动，虽然没有即时数据表达，但也是每时每刻都在改变的。一般情况下，领先指标是在所有的指标成分数据都齐备了之后再计算发布的。因此，尽管每一个指标成分数据本身都具有领先性，但因为领先指标发布的时间滞后而失去了它们的领先意义。经济学家往往会注意领先指标的长期趋势，以及它的持续时间、变化程度、一致性和扩散性，而不是其绝对水平。经济活动领先指标其实并不领先GDP实际增速变化的情况，如图3.3所示。

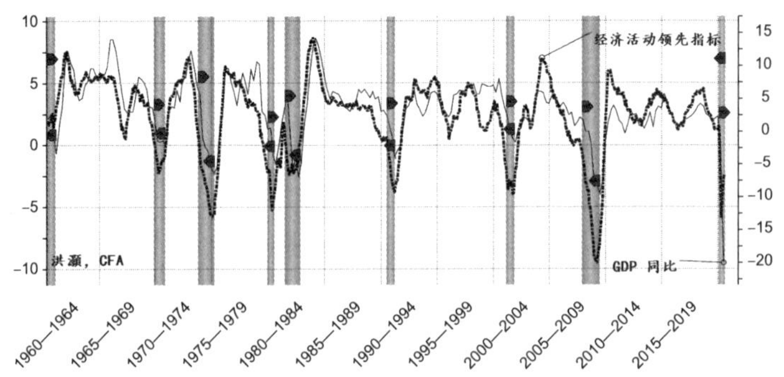

图3.3 经济活动领先指标其实并不领先GDP实际增速变化

注：GDP（左轴），经济活动领先指标（右轴）。

数据来源：彭博，作者计算。

一般来说，经济领先指标里包含了10个领先经济的数据。我们可以把这10个领先数据分为3组：第一组，实体经济数据，包括制造业平均工作时长、每周新增失业保险救济金领取人数、消费品制造新订单、非国防资本耐用品（除飞机）新订单、建筑开工许可数量；第二组，金融市场数据，包括息差、股票价格；第三组，预期数据，包括ISM新订单、领先信贷指数、消费者信心指数。这些数据，仅仅从它们的名字来看，就是对于未来的预期，如新订单、消费者信心指数等。

虽然经济领先指标常常在经济增速放缓的时候开始下行，但是如何用这个指标对经济拐点进行预测一直是一个有争议的话题，至今悬而未决。一个完美的经济领先指标，应该每一次都可以预测出将要到来的经济衰退。当然，如此苛刻的预测要求，也决定了要达到这样精确的预测结果是不可能的，预测难免会给出错误的衰退信号。因此，我们要折中一下预测目标的两个极端：一个有用的领先指标，应该是避免给出错误的衰退预警，但是也要在衰退真的到来前释放出准确的衰退信号。毕竟，错误地预警衰退将造成的损失，远小于在毫无准备的情况下发生衰退会造成的损失。同时，预测也应该给出充足的预警时间，让人们对或许会出现的经济衰退有所准备。

对此，经济学家做了不同的尝试。在使用经济领先指标的时候，经济学家更关心的是指标变化的程度、持续的时间和成分数据之间的一致性或者扩散性，以及经济领先指标的长期趋势。由于指标每月都会发生变化，所以以每月的变化来做出对经济运行的预测，将会使预测结果随时改变。通常的做法是，看经济领先指标的数据在给定的一段时间内有多少次是下行的。然而，如果以连续 5 个月的领先指标下行作为判断经济衰退将要到来的依据，那么预测将错过始于 1988 年的衰退；如果以连续 7 个月的领先指标下行作为判断依据，那么预测将错过 1951 年、1966 年和 1984 年的经济衰退；如果以连续 10 个月的领先指标下行作为判断依据，那么预测将错过所有的经济衰退。这些例子告诉我们，如果在经济领先指标持续下行时等待过久，就会错失正确预警经济衰退的时机，增加事后应对经济衰退的成本。

既然我们知道没有一个指标可以完美地预测经济衰退的到来，那么我们可以把预测的目标改为在给定的一段时间内，以有多少个月指标下行作为判断依据，并找出一个最优的组合。比如，我们可以把判断的标准设定为：8 个月中有 5 个月指标下行，或 7 个月中有 4 个月指标下行。也就是说，在给定的一段时间里，有超过半数的时间，经济领先指标在下行。如果出现这样的情况，我们就判断经济衰退即将到来。这个放宽了的预测经济衰退的标准，对 20 世纪 90 年代以前的经济衰退，基本上都能够有准确的预测。在做 Excel（电子表格软件）数据模型的时候，我们可以用两个矩阵滚动计算连续 7 个数据里出现 4 个下行数据的频率。当条件公式结果成真的时候，用条件格式来突出衰退开始的时间，使结果一目了然。这个模型预测提示，在实战中是非常容易出现的。

然而，在实战中，交易员可能连看 Excel 模型的时间都没有，因为市场价格反映新信息的速度是瞬间到位的。因此，交易员往往会用一个简单的概率预测法：连续 3 个月经济领先指标下行，就意味着经济衰退即将来临。这个简单的方法预测的结果，和上述以 7 个月中有 4 个月指标下行为标准预测的结果，并没有根本的差别。值得注意的是，如果市场参与者大部分都以这个简单的概率预测法来计入新的经济领先指标的信息，那么市场价格马上就会有所反应，而不是按照前述更严谨的判断方法来得出定价的结论。即使判断失误，经济衰退最终没有到来，市场的价格在数据公布的时候也会有所反应。这很可能就是“过去的 5 次经济衰退，股票市场就预测到了 9 次”的原因。对于一个交易员来说，更重要的是预测市场价格的走势，而不是经济未来将要发生的变化。当宏观的变化发生时，一开始是非常缓慢的，然而一旦量变积累为质变，则往往是以迅雷不及掩耳之势发生的。因此，对于一个做资产配置决策的人来说，要把握宏观环境早期的变化，在经济领先指标发出预警的时候，无论最后的预测结果如何，都要对投资组合的资产配置进行微调，这样才可以有充分的时间避免让投资组合受到经济衰退的冲击。

另类领先指标

美国国债收益率曲线被誉为预测经济增长拐点最准确的指标之一。一般来说，在进行预测的时候，交易员可以用美国十年期国债的收益率，减去两年期国债的收益率或三个月国债的收益率,来衡量美国国债收益率曲线的坡度。在正常的情况下，债券的期限越长，其收益率就应该越高，反之亦然。这是因为期限越长，债券持有者被绑定的时间也就越长，就越要牺牲自己资金的短期流动性，并承担更多的不确定性，来获取长期的债券收益率。因此，在视觉上，一条正常的收益率曲线应该是一条斜率向上的曲线，一条左低右高、向右上角倾斜的爬坡线（图 3.4 中下半部分斜率向上的曲线）。

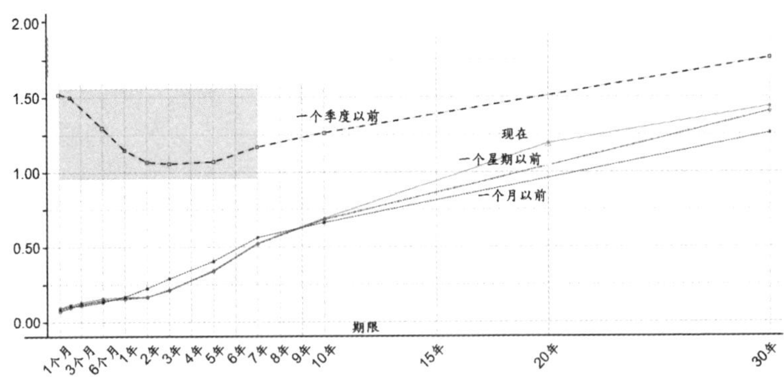

图 3.4 美国国债收益率曲线从 2020 年第一季度倒挂到正常化

数据来源：彭博，作者计算。

然而近几年，随着各国央行逐步进入负利率区间，国债收益率曲线的短端交易变得异常。到了 2019 年下半年和 2020 年的第一季度，所有主要西方国家的国债收益率曲线都倒挂了。一条倒挂的收益率曲线往往预示着经济衰退的到来，而收益率曲线出现倒挂的情况，可以领先经济衰退最终的到来最长达 18 个月（见图 3.5）。20 世纪 90 年代以来，国债收益率曲线的倒挂，预示了美国经济的每一次衰退。可以说，这个指标预测的历史成绩，几乎是所有领先指标里最好的。收益率曲线倒挂之所以能够预测经济衰退的到来，是有经济基本面原因的。银行是实体经济的心脏和供血器官，银行系统的健康直接反映了整个实体经济的健康。很难想象，一个心脏病患者整体的健康状况会有多好。银行都是在金融市场上开展借短放长的业务的。当市场上的国债收益率曲线倒挂的时候，银行的短期融资

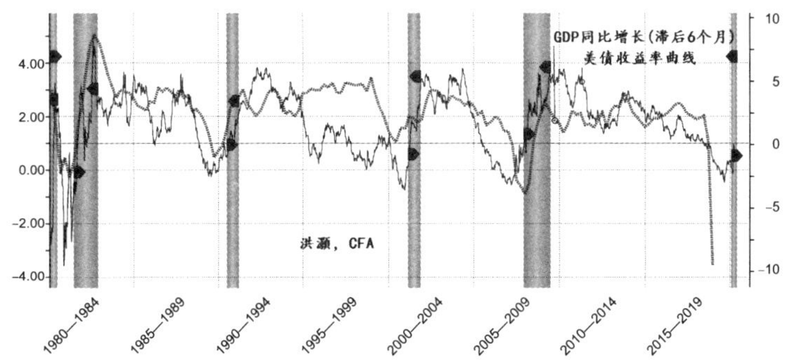

图 3.5 美债收益率曲线领先经济增长可长达 18 个月（衰退时是负增长）

注：美债收益率曲线（左轴），GDP 同比增长（右轴）。

数据来源：彭博，作者计算。

成本将高于它放贷产生的利息收入。这时，银行放贷的意愿将下降，而实体经济将因为缺乏流动性而不能正常运转。这是从基本面的角度来解释国债收益率曲线倒挂的现象的。

从交易的角度来看，一条倒挂的收益率曲线显示了市场参与者整体风险厌恶的情绪。在交易员厌恶风险，需要把投资组合的风险降下来的时候，他们往往会把资金从短端挪到国债久期的长端，也就是买长期国债。这是因为美国国债是市场公认的最安全的投资标的，其避险功能甚至比具有两面性风险偏好的黄金还要好。因此，在交易员卖出短端，买入长端国债，并把这个卖短买长的交易策略进行到极致的时候，国债收益率曲线就开始倒挂了，反映了市场极度风险厌恶的情绪。而银行作为交易员的对手盘，其商业模式决定了它天生就是一门卖短买长的生意，对应的是正常时期市场交易员买短卖长的交易策略。然而，当市场上的交易员的交易方向和银行一致的时候，银行的资金来源自然也就出现了问题。

在 2019 年 7 月美国国债收益率曲线平坦化并即将倒挂的时候，美联储主席鲍威尔不得不出面解释这个让市场非常担忧的现象。毕竟，这是所有经济领先指标里最可靠的一个指标，而且自 20 世纪 90 年代以来根据该指标对美国经济衰退进行的预测没有一次失手。当时，鲍威尔在接受 CNBC 的采访时说道：“我认为国债收益率曲线告诉我们的，并不仅是大家都非常担心的收益率曲线对经济前景的预示。这条曲线蕴含着更多其他的信息，而最重要的是收益率曲线的斜率告诉我们长期中性利率的水平。”也就是说，鲍威尔认为，当时国债收益率曲线的平坦化，以及短端收益率和长端收益率的趋同告诉他，美联储当时的货币政策的取向是对的，美联储的基准利率和长期中性利率一致。很明显，鲍威尔不重视收益率曲线即将倒挂对经济前景的预测。今天回过头来看，鲍威尔对曲线倒挂的解释，更多只是对美联储货币政策的辩解，而完全忽略了曲线倒挂对经济衰退的预警。当然，作为美联储的首脑，鲍威尔的言辞可能也是要安抚市场的疑虑。毕竟，如前所述，美联储的货币政策并不是要管理甚至刺破泡沫，美联储货币政策的目标不是预防，而是善后。

还有其他不被经常提及，但是历史预测成绩很好的经济指标。由于经济领先指标里的成分数据都是在指标生成之前就公布过的，所以当这个领先指标公布的时候，指标包含的经济数据反映的经济运行的情况，其实已经反映在市场定价里了。同时，由于一些经济数据后期会有修正，所以领先指标在发布的时候可能不完全精确。然而，我们知道经济同步指标和滞后指标的后期修正比较少。毕竟，经济同步指标和滞后指标都是对当前经济活动水平的确认。于是，我们可以创造性地组合使用这两个指标。例如，把经济同步指标和滞后指标之差作为一个新的领先指标。这是因为这两个指标里包含的经济数据有时间上的差异。当我们求它们之间的差异时，可以看到几个月之前的经济活动情况现在是否得到了确认。这个经济同步指标和滞后指标之间的差异将告诉我们经济的内部变化。历史数据分析证明，这个差异在一定程度上领先于经济运行的拐点，在做决策的时候有参考价值。

最近几年，美国各个地方联储都曾尝试开发新的经济指标。一个比较值得关注的,然而在大众眼里又很少提及的指标，是芝加哥联储的全国经济活动指数（见图 3.6）。这个指数是美国 85 个经济指标的加权平均，包括产出和收入，个人消费和房地产，销售、订单和存货数据，以及就业、失业和工作时长等数据。由于这个指标基本上囊括了所有主要经济指标，所以我们可以把它看作对美国经济最广义的量化衡量。同时，我们在使用这个指标的时候，不要看它报道的绝对水平的数字，而要看它的各个成分数据的离散度。当我们把这个离散度做一个 3 个月的移动平均之后，就可以体验到这个指标对经济周期拐点预测的作用——20 世纪 60 年代以来，这个指标只给过两次错误的衰退预警。在最终被市场重点关注之前，这个指标保持着额外的决策价值。

此外，亚特兰大联储发布的 GDPNow（国内生产总值增长的直播指标），也值得关注。亚特兰大联储的经济学家，每个月会更新这个模型 5~6 次，以预测将要公布的 GDP 增长数据。这是一个对美国经济运行的“实时播报”指标，是对美国经济最及时的数据衡量。至于对美国经济活动最好的衡量指标，应该就属费城联储的 GDP+ 了。这个指标结合了 GDP 和 GDI（国内收入总值）的数据。由于 GDP 是以支出法估算出来的，所以存在很多遗漏的地方。而 GDI 则把整个经济各个部门的收入加总，以收入法来弥补支出法统计经济规模的不足。这个指标可以用在量化模型中，以提高预测的可靠性。

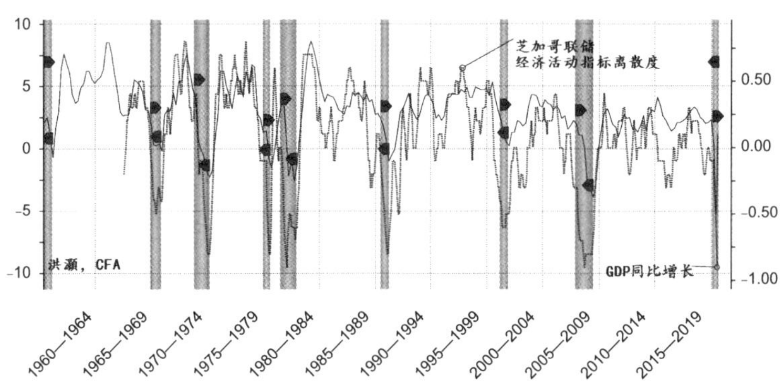

图 3.6 芝加哥联储全国经济活动指数领先经济增长可长达 1~3 个季度

注：GDP 同比增长（左轴），芝加哥联储经济活动指标离散度（右轴）。
数据来源：彭博，作者计算。

如何预测中国经济

中国宏观经济波动性消失

中国可能是对宏观经济学家最顶礼膜拜的一个国家了。或许是因为我们今天的市场经济，是从学习苏联的计划经济后破茧而出的。即便在今天，中国在宏观经济规划里仍然非常强调一个具体的增长目标。比如，一个粗线条的增长计划就是，让中国的经济规模每 10 年翻一番。我们可以用简单的“70 原则”换算，这个隐含的经济增长目标就是 70/10（年）=7（%）每年。“70 原则”是一个简单的拇指计算法则，给定一个每年的增长速度，再用 70 除以这个增长速度，就可以得出以这个速度增长的经济体的规模每翻一番所需要的时间长度。比如，如果中国经济的年增速放缓到 5%，那么中国经济的规模则需要每 14 年［70/5（%）=14（年）］翻一番。

现今，我们在做宏观经济规划的时候，还是非常强调 5 年计划的。而苏联在其计划经济时代，也是以每 5 年来计划其经济发展的规模的。虽然设定增长目标对计划宏观经济有一定的意义，但是在中国经济体量已经达到 100 万亿元规模的今天，在宏观杠杆率居高不下，基建投资效应开始边际递减的现在，如果再设定一个具体的增长目标，那么很可能会为了达到增长目标而浪费资源。

国外对于宏观经济的管理，鲜少设定具体的增长目标。比如美联储货币政策的双重目标，是要保证充分就业和稳定通胀。这两个货币政策的目标，都与保证民生息息相关。保障就业，就是保证人民有工作收入；稳定通胀，就是要保证人民收入的购买力。当然，如上所述，美联储货币政策的隐含目标，也是最终极的目标，其实是美国的股票市场。如果保证市场能正常运行，并在市场出现危机之时出手相救，那么其他两个显性的目标则更容易实现。毕竟，股票市场的上涨有很强的财富效应。2020 年的新冠肺炎疫情使中国和世界经济遇到了前所未有的挑战。这也是中国首次放弃具体的增长目标的一年。疫情虽然带来了新的挑战，但或许会让中国的宏观经济管理进入一个新的模式。

中国宏观经济管理的另一个执着，就是对波动性的厌恶。尤其是最近几年，在宏观管理者论述宏观经济情况的时候，"稳""可控"等字眼屡见不鲜。甚至对于反映宏观经济的股票市场，管理者对价格波动性的容忍度也非常低，在市场出现一些波动的时候，很容易习惯性地以"慈父"的心态去出手平抑市场波动，保护中小投资者。其实，中国投资者经过了这么多年的市场波动的洗礼，心态早就非常坚韧了。中国市场需要的，并不是管理者在市场波动的时候挺身而出。如果那样做，在平抑了市场的同时，也剥夺了市场以价格信号分配资源的功能、投资者受教育的机会，以及宏观交易员通过波动性获取回报的机会。一潭死水似的市场看似没有波动，安静平和，但也没有了交易机会。2020 年 3 月市场史诗级的暴跌并非没有赢家，美国各大投行的交易收入其实都创了历史新高。

这种对于宏观经济管理的思路，也在最近 10 年开始反映在中国宏观经济变量的变化上。如果我们看一下中国宏观经济变量在 2010 年前后的表现，就会发现这一年是中国宏观经济重要的分水岭。许多重要的宏观经济变量，如 GDP 增长速度、工业增加值、货币供应、投资增速和价格通胀等的波动性，似乎在 2010 年之后突然崩塌了，与之前这些变量在 20 世纪 90 年代表现出来的巨幅波动大相径庭（见图 3.7）。

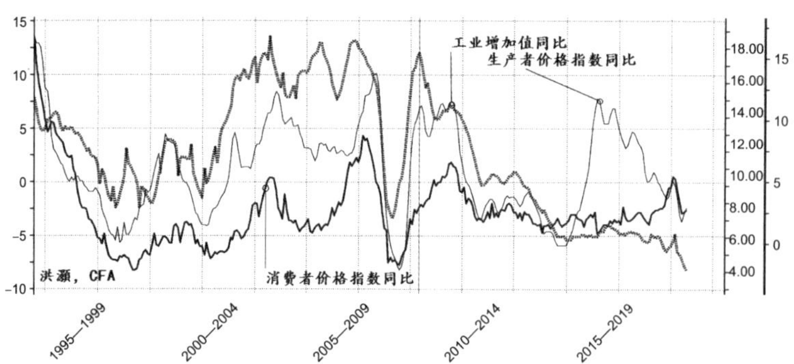

图 3.7　自 2010 年 11 月以来，除 PPI（生产者价格指数），所有宏观经济变量的波动性均大幅下降

注：生产者价格指数（左轴），工业增加值（右轴内），消费者价格指数（右轴外）。

数据来源：彭博，作者计算。

对于价格通胀波动率的消失，去通胀甚至通缩现象的出现，我认为很大一部分是社会贫富分化导致有效需求的不足造成的。这是一个长期的社会经济现象，我在之后的章节将详细讨论。即便如此，我的这个理论似乎也无法解释为什么 2010 年成了一个关键的时间节点。回溯历史，我们会发现，2010 年正好是 2008 年全球金融危机之后，中国进行 4 万亿经济刺激计划，2009 年经济开始复苏之后的第一个完整的年份。在这一次开闸放水之后，中国货币政策的有效性开始边际递减，表现为每一个单位的 GDP 增长，都对应着越来越高的信贷增长，信贷增长的速度远远超过了经济增长的速度。

因此，如果要用货币政策来平抑波动，宏观经济里过度的流动性的确压抑了波动性。或者说，这种类似于美联储货币政策的隐含目标和宽松的货币政策，让所有参与者都达成了一个共识，那就是如果经济再次遭遇困境，那么政府一定会再次出手相救。美国市场里流行的“美联储看跌期权”，就是建立在宏观经济的流动性不断上升、波动性不断下降的基础上的。在这样一个环境里，投资回报形成了一个下面有底、上不封顶的不对称分布。过去 10 年，美国市场里做空波动性来获得这个不对称回报的交易一直很流行。这个交易的主要逻辑就是基于“美联储的看跌期权”——每当市场陷入困境时，美联储都会出手纾困。由于持续的流动性供应抑制了市场波动，押注波动性会趋势性下降是有利可图的——这个波动性的趋势性下降会持续到 2018 年 1 月中美贸易摩擦升级导致的波动性巨震为止。当时，许多之前专注于做空波动性，押注市场波动性长期趋势性下降而获益的基金，一夜之间回吐了多年来积累的几倍的收益。许多做空波动性的 ETF 的价格暴跌近零，被迫清盘。

2008 年果断的宏观救市，最终使“美联储看跌期权”策略登上了对冲策略的王者之巅。然而，当人们认为下行的风险受到政策保护的时候，他们在做投资决策时的风险偏好将被无节制地放大，甚至乐于承担与回报不相称的风险，以达到回报最大化的目的。这就是传说中的市场道德风险——反正爆仓了有央行兜底。这是一种类似于中国市场里刚性兑付的逻辑，比如，过去几年盲目加杠杆去追逐一些回报非常低的地产项目融资。这些鲁莽的行为，都将导致系统不能产生足够的回报来偿还资金成本，最终导致系统崩溃，降临一个“明斯基时刻”。

我们还可以从中国人的储蓄和投资习惯的角度，来观察中国宏观经济波动性消失的现象。2010 年以来，我们不仅仅观察到宽松货币政策的效应正在边际递减，同时中国人的储蓄和投资习惯也发生了变化。在宏观经济里，广义地说，储蓄等于投资。在 2010 年左右，我们看到中国的以经常性账户与 GDP 比率定义的宏观储蓄率达到了一个高点，并开始下降（见图 3.8）。在 2010 年随后的几年，美国的宏观储蓄率上升，表现为美国的经常性账户与 GDP 的比率开始上升。当然，这个现象也和美国经济在经历了 2008 年严重的金融危机之后，私人部门开始修复资产负债表，以及美国的页岩气革命导致美国从历史上一个最大的原油进口国变成了出口国息息相关。

图 3.8　自 2010 年以来，中国人的储蓄和投资习惯发生了显著变化

注：广义货币同比增速（左轴），经常性账户与 GDP 比率（右轴内），固定资产投资（右轴外）。

数据来源：彭博，作者计算。

历史上，中美两国经济互补性很强。中国生产，美国消费。在中国出口获得美元之后，中国人民银行从市场上回收了这些美元，形成中国的外汇占款，并在此基础上根据中国经济发展的需要酌情提供货币供应。因此，美国依赖于进口和过度消费导致的经常性账户赤字，曾是中国货币体系流动性的重要来源。2010 年之后，由于美国的宏观储蓄率下降，回笼出口美国带来的美元收入对中国货币增长的贡献也就下降了。而中国的宏观储蓄率下降，同步于投资增速放缓的现象。假如我们把中国的经常性账户与 GDP 的比率看作一个全球化的代理指标，那么可以把 2010 年看作全球经济一体化的顶峰。从那时候起，全球经济逐步走向分化。直到今天，在疫情之后全球供应链崩溃，形成各国开始各自为政的局面。

中国宏观经济里的波动性逐步消失，也反映为最近几年中国的 GDP 增速在图上表现出来基本上就是一条直线。也就是经济学家热议的，中国经济进入了一个“L 形”区间。许多国外的中国观察家认为，出现这种经济增长的轨迹是经济数据造假的结果。我对此观点并不能苟同。很简单，如果 GDP 增长的速度被造假，那么为什么宏观经济里的一些其他变量，如 PPI、猪肉价格等，仍然保持着相当的波动性呢？同时，我们在上诉的论述中也展示了各个主要的经济变量，如货币供应、工业增加值、通货膨胀和投资增速等之间的相关性一直是非常密切的。这些数据在 2010 年前后同时发生了趋势性变化，也同时呈现出一个“L 形”的走势，但是它们之间的相关性却没有改变。换句话说，如果 GDP 的数据造假，那么其他宏观数据也必须同时造假才能圆谎。在我看来，进行如此大规模的造假是非常困难的。而其他民间数据的运行趋势，如温州地区民间贷款利息，也在 2010 年之后出现了逐步下行并平坦化的趋势，与上述宏观数据的走势一致。因此，我认为中国经济的“L 形”走势并非如西方观察家所认为的是数据造假的结果，而是由深刻的经济结构变化导致的，尤其是中美两国人民储蓄和投资习惯的变化和中国货币供应的变化。

预测中国经济

预测中国的经济运行，一般可以采用自下而上的方法。比如，预测“三驾马车”——投资、消费和净出口各自变化的情况，归总后得出整个经济的增速。对于计划制订者来说，也可以将各个省市自治区的经济增速加和归总来计算全国的增速。还有自上而下量化回归分析的方法，以货币供应、发电量、信贷、铁路货运量为自变量，来预测作为因变量的 GDP 增速未来的水平。然而，这些预测的结果，往往是滞后的。同时，这些预测的方法也是所谓经济增长目标形成的方式。这样的目标，其实在一个日益市场化的经济里意义并不大，有的时候还存在揠苗助长之嫌。

如果中国宏观经济的波动性消失了，那么中国经济的预测也就变得比较直白了。在这样的新环境里，对于宏观经济的预测，重要的并不是去过分纠结于经济数据的绝对水平，甚至也不是这些数据的每个报告周期的变化。因为在一个“L 形”经济里，这些数据对于经济基本面的反映已经钝化了。更重要的是，我们要预测经济未来运行的趋势，以及趋势发生改变的大约的时间节点。作为一个投资者，重要的并不是去预测经济数据，而是判断市场里各种类别资产的价格如何反映经济运行的趋势变化，并将这个判断付诸投资决策、资产配置。

在中国经济的宏观波动性消失之后，究竟哪一个变量能更好地反映经济运行的波动性？毕竟，明斯基的观点是，波动性并不能够被平抑，而只能被管理者用宽松的货币政策来暂时压抑。这种对于波动性的暂时压抑，也将导致市场参与者产生波动性永久消失的错觉，并不计后果地增加风险以获得更高的回报。这种不计后果的追逐风险收益的行为，最终也将导致整个系统不负重荷而崩溃。

中国宏观经济波动性的消失是对资产定价的一个重要观察。过去，广义货币供应增长对中国股市的表现至关重要。如果没有它，我们就不会看到4万亿刺激计划之后股市的复苏反弹，以及随后几年随着货币增长放缓而出现的黯淡回报。我们把经济里超额的流动性定义为广义货币增速和工业增加值之差。因为只有超额的流动性，也就是超过了实体经济增长所需要的资金供给，才会导致经济增速超过潜在的增速，并导致通胀过热。我们可以把这个计算超额流动性的指标，和上证指数的回报率做一个比较。我们会发现，上证指数的回报率领先超额流动性3~6个月（见图3.9）。也就是说，虽然超额流动性可以解释经济超潜力增长的情况，但股票市场往往更能提前反映未来。

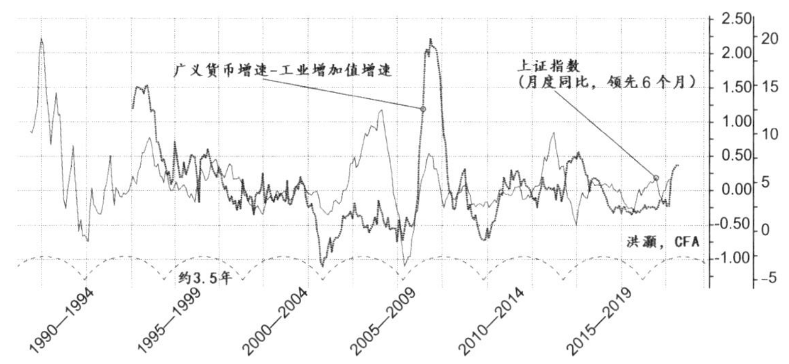

图 3.9 上证指数领先货币超发 3~6 个月

注：上证指数（右轴内），广义货币增速 - 工业增加值增速（右轴外）。
数据来源：彭博，作者计算。

凯恩斯曾说：“货币是连接过去和未来的枢纽。”在中国这样的经济体里，我们上述的讨论已经证明了中国的股市往往会提前反映经济将发生的变化。也就是说，中国的股市和货币供应一样，是实体经济的领先指标。因此，预测股市回报率的变化和趋势，可能是对中国经济最好的预测。我们应该如何预测股市回报率的变化?

在上述的论述里，我们讨论了除 PPI 外，宏观经济波动性是如何全面下降的。PPI 受货币政策的影响较小，这似乎也是合理的。因为这些政策无法影响大自然和生命中的无常，所以也不会对农作物的收成、矿物的发现和工业大宗商品的生产成本产生太大的影响。如果用 CPI 和 PPI 之间的差距来近似衡量企业的利润率，那么我们将立即面临一个难题。社会的分配不平等和中国人的储蓄和投资习惯的变化抑制了CPI的波动，但PPI的波动却仍受其他非政策、非经济变化的影响，反复无常。PPI的波动性大于CPI的波动性说明，企业对上游成本的控制能力低于对下游商品的定价能力。企业的定价权因此不断下降。

如果CPI的涨幅高于PPI，或者说企业的利润率扩大，那么这家企业的股票应该受惠。反之类推。如图3.10所示，我们可以看到CPI和PPI之间的差额（即利润率），M2（广义货币供应量）和M1（狭义货币供应量）之间的差额（即货币乘数），存在着密切的相关性。如果货币环境放松，就像2020年3月新冠肺炎疫情之后那样，那么企业的经营环境应该会有所改善，利润率往往也会改善。然而，鉴于企业在宏观波动性下降的环境中定价权较弱，盈利对相应股票定价的影响将

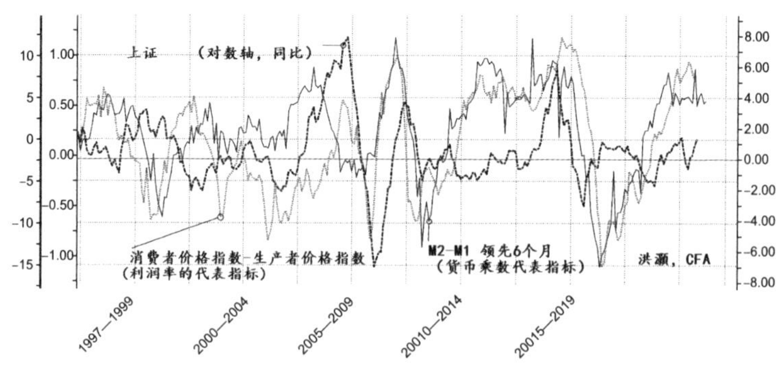

图3.10 货币乘数领先上证指数3~6个月

注：M2–M1（左轴外），上证指数（左轴内），消费者价格指数－生产者价格指数（右轴）。

数据来源：彭博，作者计算。

较小，因此，对于观察到的股市波动，其他决定股票回报的非盈利因素肯定在起着更大的作用。

我们将股票回报的来源分解为两部分：盈利增长和估值扩张。如上所述，在新的宏观环境下，企业的定价权正在减弱，盈利增长对股票回报的贡献应该会越来越少。因此，在这样的新的宏观环境下，估值倍数应该是股票回报的更重要的来源。的确，在分解了股市的实际回报率之后我们发现，盈利增长对股票回报的贡献越来越少了。2006 年以来，估值的变化决定了绝大部分的股票回报。这个现象在 2009 年的复苏和 2015 年的泡沫时期是最明显的。当时，流动性非常宽松，但经济的基本面却非常差。A 股可以在一段时间内脱离基本面上涨，直到估值偏离基本面太远，反弹自然就会不负重荷。

综上所述，归根结底，对中国宏观经济的预测，也就是对股市未来回报率的预测。由于股市的回报率同广义货币供应的增速，尤其是超额广义货币供应的增速的变化息息相关，所以对中国宏观经济走势的预测，也就是对未来货币政策取向的判断。而未来货币政策的取向，又往往取决于当前所面对的经济形势。这也是为什么与货币政策变化高度相关的股市回报率的变化，往往与当前的经济基本面相悖——毕竟，股市是宏观经济的领先指标。然而，对于投资者而言，预测股市未来的走势，往往更为重要。

结论

由于市场和经济的相关性，预测经济，其实就是预测市场。同时，由于市场往往是经济运行的领先指标，预测经济和预测市场之间孰轻孰重，一目了然。美国对经济预测方法和模型的研究，已经持续了70多年，其间见证了许多独立经济研究机构的成立，以及它们建立的一系列经济指标，包括领先、同步和滞后指标。

由于经济领先指标是由已经公布了的经济数据构成的，所以它们每月的发布往往不能影响市场的运行，对股票定价的影响非常有限。随着市场参与者对这些经济领先指标理解的深入，它们对实体经济运行的领先意义也越来越有限。这种有限性表现在，它们在过去的经济周期里，对经济运行拐点的预测的成功率并不高。这种预测的成效，可以通过对数据变化连续观察几个月之后再做决定而提高。一些判断的拇指法则包括，经济领先指标在过去7个月里有4个月下行；又或者，过去3个月里，经济领先指标连续下行。经过这种调整之后，尽管预测的结果仍然不能万无一失，但是给出错误拐点信号的概率还是大大下降了的。

很多人认为，经济同步指标和滞后指标对于预测的意义不大。然而，同步指标的重要性并不在于对未来的预测。由于经济数据发布的时效性，领先指标内的许多数据的起始估计往往有误，在发布后会被修正，从而影响了这些领先指标在发布时的有效性。然而,同步指标里的数据则是很少被修正的。因此，这些同步指标可以有效地确认之前对于经济拐点的判断。同时，我们还可以创造性地使用同步指标和滞后指标，可以根据同步指标里的不同成分数据计算离散度。这些指标成分数据的离散度，显示着各个部门之间对于经济运行的反映，其本身就有很强的信息效应。

在经济运行的时候，大部分经济数据一般都会朝着同一个方向运行。当经济运行进入拐点区域的时候，我们看到数据之间的离散度往往将上升。换句话说，在经济运行进入拐点的时候，经济数据之间往往不能互相印证，不能互相说服对方，不能显示经济运行的方向。这时,敏锐的预测者就应该认识到，经济很可能开始进入拐点区域了。这时,对于各种数据的追踪，与各个实体经济参与者的沟通，对实体经济运行的实地考察，将显得尤其重要。实践证明，同步指标内部的成分数据之间的离散度，对经济的运行有明显的领先作用。创造性地使用同步指标和滞后指标的组合，构成了一些新的领先指标，可以弥补前述领先指标的不足之处。

滞后指标也不是一无是处的。由于滞后指标是对经济运行的事后确认，也很少在发布之后被不断修正，所以滞后指标也可以辅助领先指标和同步指标对经济的运行做出更可靠的判断。同时，我们也可以按照上述计算数据之间离散度的方法，计算领先指标和滞后指标之间的差，比如 PMI（采购经理指数）里的新订单指数和存货指数之间的差，两者之间的时间差越长，经济就越可能进入拐点。比如，在经济进入下行拐点的时候，新订单往往很少，而存货往往很多。随后，实体经济也将因为商业去存货的行为而感受到下行的压力。创造性地使用领先、同步和滞后指标，以不同的组合测试经济运行时不同数据的离散度和时间差，都可以帮助我们有效地预判经济运行的拐点。

当然，还有一些后来开发的另类指标。这些指标的优势在于它们覆盖经济的广度，如 GDP+ 指标；又或者在于它们发布数据的及时性，如 GDPNow 指标；还有就是它们不会随行就市，这降低了后期修正的危险，如美国国债收益率曲线——这是一条以市场交易价格计算出来的曲线。这些另类的经济指标都在不同程度上提高了我们对经济预测的准确性，比如国债收益率曲线的倒挂预示着经济衰退的到来。这些指标还增强了我们对经济运行的理解。

预测中国经济则更有挑战性。不仅是因为数据不全和准确度较难把握，还因为在 2010 年之后，中国宏观经济的波动性逐渐消失了。这表现在 GDP、工业增加值、通货膨胀、投资增速和货币供应增速逐渐趋于平缓，显示出一个“L 形”的走势。唯一还能体现宏观经济波动性的、比较突出的一个指标就是 PPI。在一个宏观经济波动性逐渐消失的经济体系里，预测经济的意义变得越来越小，但预测经济的难度却在不断上升。在一个经济学家眼里，经济预测逐步演变成一门令人沮丧的艺术——它的付出和回报越来越不成比例。对于一个在这样的实体经济里运营的公司，PPI 的波动性持续存在并大于 CPI 的波动性，反映了公司定价能力的缺失。因此，公司股票价格的表现和公司运营的相关性也越来越小。在这样的市场里，市场的波动往往更能反映宏观经济管理政策的变化。换句话说，中国的宏观经济波动性并没有消失，只是换了一个表现的渠道。现在，中国市场才是中国经济运行更敏锐、更准确的反映。

超额流动性，也就是广义货币供应增速和经济增速之间的差异，对经济运行的反映也没有股市来得早。这个时间上的滞后，表现在上证指数同比变化领先超额流动性 3~6 个月。因此，数据的局限、宏观波动性的消失，以及股价对中国宏观经济的独特反映，决定了预测中国经济更有挑战性。而在中国，在没有发现更好的指标的现实情况下，股市是宏观经济运行有效的领先指标。

在这样的市场里，市场择时就是对未来宏观经济的判断。择时隐含的对宏观经济的判断，以及可以带来的投资回报，比选股要更有意义。企业利润率与其说是一种企业自身的选择，还不如说是宏观经济货币政策的产物。股票回报率更受估值倍数扩张的影响，而不是盈利增长的影响。因此，股市的大部分回报实际上是由货币政策系统性推动的。在这样的市场里，所有的阿尔法都是贝塔。因此，我们应该注意到如下几点。

第一，指数基金将日益主导市场。或者说，市场将逐渐被指数化，因为大部分回报是由系统性估值倍数扩张推动的，而非企业特殊的盈利能力。当然，在这样的环境里，有着强大的定价能力的企业将享受稀缺性的溢价。事实上，美国市场里上市的指数基金的数量已超过股票。而中国的指数基金规模也正在上涨。指数基金市场占有率的扩大，在未来将放大市场波动的强度和持续时间。

第二，央行是决定股票回报的最重要因素之一。因此，投资过程将变得更具投机性——而非更少。这就解释了为什么全世界都在变本加厉地关注央行的政策选择。

第三，市场愿意给承担系统性风险的能力买单，而选股技能似乎变得越来越无关紧要。巴菲特近年来的回报似乎印证了这个观察。最终，产生回报的能力取决于一个投资主体的资产负债表是否足够大，以及在系统性风险来临的时候是承担这些风险，还是屈服于投资者的赎回压力。

第四，没有所谓“基本面牛”，只有“情绪牛”“杠杆牛”

"水牛"。只要流动性状况有利，市场价格就可以在一段时间内持续偏离基本面。2015 年泡沫中的经历很好地教育了我们。凯恩斯曾说，市场保持非理性的时间可以比一个人保持偿债能力的时间更长。这句话现在听起来更加正确了。许多人期待的"慢牛"，其实是没有数据证据支持的。

如果市场的运行和宏观经济的拐点，都有赖于货币供应的变化，那么未来额外的流动性还将从哪里来？

现阶段，额外流动性的增加不太可能来自储蓄的快速积累。中国的经常账户盈余与 GDP 之比，或者说中国的宏观储蓄率，不太可能恢复到 2009 年以前的高点。中国人民银行创造货币的方式已经改变。与美国谈判后将形成的新贸易关系表明，中国经常账户盈余占 GDP 的比例将进一步下降，因此宏观储蓄率也将下降。

信贷或将再次迅速增长。2020 年的《政府工作报告》对货币政策的新的措辞，阐述了央行对信贷再次扩张的态度。在新冠肺炎疫情后的实体经济里，稳定经济增长仍将是政府工作的重点。而宽松的货币政策和积极的财政政策将再次支持经济的发展。央行公告的字里行间也暗示了这种倾向。

美国类现金货币供应的增长在 2018 年末和 2019 年接近历史最低点，而这一低点曾与 A 股历史上的重要拐点相对应，也与美国的经济增长峰值相对应。美联储在 2019 年下半年不得不放弃之前的缩表政策，否则美国经济将面临严重的通缩压力。2020 年新冠肺炎疫情之后，美国经济增长前景堪忧。因此，美联储不太可能很快再次收紧货币政策，除非美国通胀率高得令人无法承受。美国流动性状况的宽松，在过去往往有利于中国股市，时间上也与当时中国股市重要的转折点吻合（见图 3.11）。这次应该也不会有什么不同。

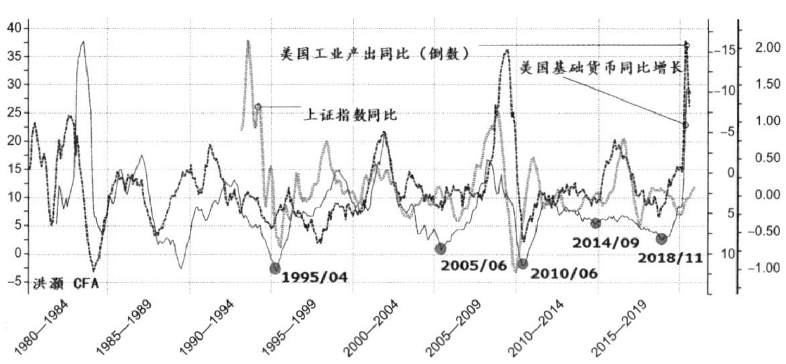

图 3.11　美国基础货币同比增长、美国工业产出和上证指数

注：美国基础货币同比增长（左轴），美国工业产出（右轴外），上证指数（右轴内）。

数据来源：彭博，作者计算。

第四章

周期是否可以预测

超人的记忆是一个预言家的最佳资格。

——哈利法克斯侯爵

对于中国人来说，时间是周而复始的，交织着生命的轮回、季节的更替和朝代的兴衰。这是中国人热衷于经济周期分析的原因之一。中国古代的经典图书，如《易经》、《史记》和《盐铁论》等，都对古代农业经济中的周期进行了论述。周期意味着若干关键经济变量同时持续上行或下行。趋势的形态必须是明确的、广泛的和持久的。经济周期大师韦斯利·米切尔对商业周期的经典定义为“总体经济活动的波动”。米切尔认为，周期必须“包括多项经济活动的全面扩张和随后的全面衰退，必须是重复出现的，并且不能被进一步细分为更短的、具有相似量级和性质的周期”。

周期是一门古老而晦涩，同时又非常冷门的经济学分支。虽然对周期的研究在西方已经进行了200多年，并最终被美国经济学家建立的NBER和美国经济周期研究所等显赫的经济研究机构印证了重要性，但是今天许多科班出身的经济学家都对经济周期这门学科嗤之以鼻。的确，在人类社会摒弃了刀耕火种的农耕经济模式的时候，经济的周期性似乎不再那么明显了。在农业社会里，当经济处于繁荣时（也就是完全就业），一次意外的丰收反而有可能导致农民收入减少。这是因为人们对粮食的消费一般都比较稳定，而丰收反而会造成粮食价格因为粮食供应的增加而下行，从而减少农民的收入，并可能导致未来的经济由于农民收入的减少而衰退。可以看到，在这样的农业社会里，由于气候对农业的收成有很大的影响，而气候的变化与大约11年的太阳黑子周期密切相关，因此，古时候对周期进行研究是必要的。

随着经济的发展，第二产业和第三产业在经济里的比重增加，并逐渐占据主导地位。这时，再去研究看似古老的周期，似乎对经济运行管理的意义已经不大了。但出人意料的是，现代经济里周期运行的痕迹仍然非常明显，比如我们之后将要讨论的存货周期、资本品投资周期和信贷周期等。令人费解的是，尽管经济里周期性最强的第一产业农业的比重越来越小，同时农产品的价格长期处于下行趋势，但是经济的运行仍然体现出强烈的周期性。这种经济运行中仍旧贯穿着的周期性，恰恰是我们进行周期研究的原因。我们并不能因为这是一门古老晦涩的经济学科，或者是经济里农业的占比减少，就对周期的研究弃如敝屣了。

值得注意的是，本书里我讨论的周期，主要是关于股票市场的周期。虽然与经济周期相关，但是决定经济周期运行的因子有很多。同时，如前文所述，股市运行并非完全反映经济周期，而反映更多的是基本面无法解释的因素，比如心理因素。股市周期并不一定就等同于当时的经济周期，或者说，股市的下跌也不一定就意味着经济危机。本章稍后部分将讨论经济周期的运行如何影响股市的表现，以及股市的运行如何在经济危机和非经济危机时产生不同的反应。

周期的成因和类型

中国古代哲学中的周期理论

不幸的是，尽管有明确的数据论证，所谓周期似乎也并没有什么理论依据。周期更像是对自然、社会和经济经验观察的积累和陈述。因此，经济周期理论也被不断质疑。我对经济周期的运行进行了仔细的量化研究。在我关于中国 3 年经济周期的研究中，我以商品住宅建筑、施工、销售的大约 3 年的周期作为假设前提,来解释房地产库存投资周期的时长。尽管如此，确定其他时间长度的周期仍存在一定的挑战。保罗·萨缪尔森曾经对长波不屑一顾，认为这是“简单的历史巧合”。

就连提出长波理论的经济学家尼古拉·康德拉季耶夫，也在他的论文脚注中偷偷地评论，称自己“并不打算给长波理论奠定适宜的理论基础”。毕竟，周期的时间越长，预测的精确度就越低，经济数据中的细节也将变得越来越模糊、越来越难以捉摸，从而也越来越难以预测。曾经，我们可以用通胀和增长数据把中国经济增长的各个阶段分为四个象限，即再通胀、复苏、过热和衰退。我们可以清楚地看出，中国经济从 2009 年开始逐步经历周期里复苏到衰退的各个阶段。但 2012 年以来，正如“权威人士”所指，中国经济似乎陷入了“再通胀”与“衰退”的象限之间，呈现“L 形”的运行轨迹（请注意，这里的“衰退”是指经济增速放缓）。中国经济周期的阶段性变得浑浊不清。

在第三章《经济是否可以预测》中，我们讨论了中国宏观经济周期的波动性由于经济结构、宏观管理的模式发生变化而消失。从数据来看，虽然上游的生产者价格指数的波动性由于供给侧改革收缩了，但是上游供给仍然存在比较明显的波动。然而，下游的 CPI、工业增加值等宏观指标的波动性，基本上在 2010 年之后就被熨平了。这时，企业对下游的定价能力逐步被削弱，又或者可以理解为消费者对价格的敏感度由于供给竞争的激烈而越来越高。但是，企业还是需要承受上游商品的价格波动。因此，在 PPI 波动性大于 CPI 波动性的宏观环境里，企业对自己产品的盈利能力的控制其实是在减弱的。对于这些企业的股票投资者来说，他们所赚的大部分是央行货币政策的红利，而不是选股能力带来的超额回报。怪不得，这些年搞宏观研究的人越来越多，对央行公开市场操作的各种数据的预测和解读，可以精确到个位数。而卖方分析员分析解读报告，已经在以日报的频率发布了。

宏观经济波动性消失的另一个副作用，就是经济数据里的周期性在不断减弱。而前述划分在四个象限里增长和通胀的数据，不再像以前那样顺着各个象限顺时针运行，而是摇摆在四个象限的底部，也就是图 4.1 中的“群龙无首”、“潜龙勿用”和“见龙在田”的区域之间。因此，经济数据的运行很难再为决定资产配置提供参考。市场参与者们也不得不感叹在中国市场里，“美林时钟被玩成了电风扇”。如果是这样，在这样的环境里，周期理论是否失效了？

在威廉姆·斯坦利·杰文斯发表启蒙西方经济周期研究的“太阳黑子理论”之前，中国古代哲学中对周期早有论述，例如中国古代经典著作《易经》。本质上，《易经》是一本基于周期的占卜预测书。“乾卦”（乾为天），是《易经》中最著名的卦相之一，它用龙的不同状态来表示周期的一个完整轮回。例如，“见龙在田”喻指复苏，“飞龙在天”喻指繁荣，“亢龙有悔”喻指繁荣的极点，“潜龙勿用”喻指萧条，等等。直到今日，中国的一些研究和学术机构仍然将《易经》的理论运用在经济与市场的预测中。

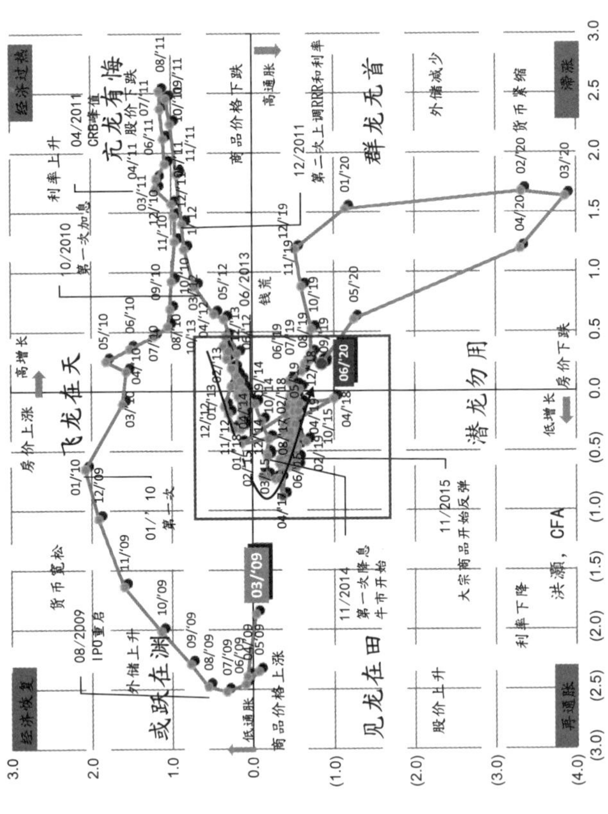

图 4.1 中国经济周期运行的四个阶段和《易经》的乾卦

注：IPO指首次公开募股，CRB是美国商品调查局编制的一种期货价格指数，RRR指人民币准备金率。

数据来源：彭博，作者计算。

中国的其他古典著作则明确记载了一个 12 年的周期。司马迁的代表作《史记》，作为家喻户晓的中国历史著作之一，将木星年表与中国的“五行”学说联系在一起，描绘了从丰收、歉收、干旱，到最终第十二年年末严重饥荒的一个 12 年农业周期。《淮南子》描述了数个较短的 3 年周期是如何嵌套在一个较长的 12 年周期中的，曰“三岁而一饥，六岁而一衰，十二岁一康”。另一本中国古典著作《盐铁论》，也记载了一个类似的 12 年农业周期。

杰文斯的 11 年太阳黑子周期是基于海因里希·施瓦贝 1847 年发现的太阳活动周期。杰文斯在他的著作《太阳周期与贸易活动》（*The Sun's Heat and Trade Activity*）里，讨论了气候条件影响了农产品的收成，进而影响了古代社会一般的经济活动。它的结论是，太阳黑子周期运动造成了一个 10.5 年的气候周期，并以这个周期作为他“主循环”周期的理论基础。而杰文斯的儿子则修正了杰文斯的理论，认为农作物的周期大约是 3.5 年。注意，杰文斯儿子的这个短周期与存货周期的时间长度基本一致。同时，3 个这样的农业“小循环”短周期，构成了一个时长约 10.5 年的主循环周期。这个周期和上文中国的古典著作里对周期的论述基本一致。由于太阳活动影响气候变化，这些记载于中西方历史文献中的周期时长，可能不仅仅是“简单的历史巧合”。而文献中所记载的时长，与我们对中国经济周期进行研究后发现的较短的、约 3 年的房地产投资周期大约是一致的。

现代经济学对于周期的认知

当然，在现代社会里，鲜有人会机械地照搬这些近代的农业周期作为经济周期预测的基础，这些都是对周期的运行相对单一因素的解释。一位持有类似杰文斯的太阳黑子周期观点的经济学家——穆尔——曾用非常生动的语言描绘了农业周期波动的情况："谷物中的周期，就像自然物质的河流，（由现在的供求关系决定的）谷物的价格相对于（由之前的耕作成本决定的）谷物的价值周期是滞后的，但是在有节奏地波动。"这句话有意思的地方，并不是穆尔表达的对于农业周期运行的观点，而是穆尔似乎在指出农业周期里的当期价格和供应的时间是不同步的。换句话说，在农业周期里，由于农作物生长需要时间，而农作物的收成取决于其生长时气候的变化情况。因此，农民在当期的收入取决于他往期做的农作物耕作的决定。而农作物未来的供应，则取决于当期由农作物价格决定的农民收入，以及未来在农作物生长时完全不可控的气候变化的情况。

在这样的决策体系里，农作物的价值由农民往期进行的耕作而产生的农作物的供应所决定。简单地说，当期收入决定播种的数量，农作物生长时期气候的变化，决定了未来农作物的收成，农民的收入因未来的收成变化而变化，并随之决定下一期的播种数量，如此循环往复。农民当期需要做的决定，包括种子的成本，以及投入的劳动力、时间、肥料、耕具和牲畜等。这些在往期投入的要素的总成本，决定了当期农作物的价值。同时，当期农作物的需求应该是相对稳定的，尤其在经济处于完全就业的时候。因此,农作物的需求弹性往往小于供给弹性，表现在需求曲线要比供给曲线更为陡峭。往期的供应和当期相对稳定的需求决定了农作物当期的价格——在这组供求关系里，供应是更重要的变量，供应决定价值，而需求决定价格。在当期的价格高于均衡价值，也就是需求大于供给的时候，农民在计划下期耕作时必然会扩大产量，导致下期农作物的供给远大于需求，使农产品的价格崩溃，反之亦然。因此我们可以看到，供给和需求不同的弹性形成的扩散性的价格体系，以及农民耕作决策的时滞性，势必导致农产品价格暴涨暴跌，农产品的价格周期也就应运而生。

在中国的猪肉价格周期里，我们也发现了类似的、由于供给和需求之间的时滞性而产生的价格波动规律。比较中国生猪存栏量同比变化和生猪价格同比变化的数据，我们可以看到生猪存栏量同比变化领先生猪价格同比变化大约 6 个月，并且两者呈负相关的关系。也就是说，我们在当期看到的生猪的价格变化，取决于6个月前生猪存栏量的变化。6个月前生猪存栏量的变化越小，也就是供应收缩得越多，当期的生猪价格变化就越高，反之亦然。当把这两组生猪供应和价格变化的数据与猪肉类股票对比的时候，我们可以看到生猪存栏量的变化领先猪肉类股票约18个月。同时，我们还发现，生猪价格同比的变化似乎有一个比较明显的长约3年的周期（见图4.2）。由于这三组数据都是相关的，所以生猪价格的周期也可以折射到生猪存栏量的变化和猪肉类股票价格变化的周期上。值得一提的是，生猪的成长周期，从猪崽到成猪，大约为18个月。因此，生猪的供给周期，从开始到峰值再到结束，大约为两个18个月的周期，也就是说，这个周期的轮回大约为36个月。

图4.2 中国的生猪价格周期、生猪存栏量变化和猪肉股

注：中国生猪存栏量同比变化并倒置（左轴），正邦科技股价（右轴内，元），中国生猪价格（右轴外，元）。

数据来源：彭博，作者计算。

几位杰出的现代经济学家——哈耶克、熊彼特和凯恩斯，都对经济周期理论的形成做出了自己的贡献。哈耶克的经济不稳定理论认为，信贷过度膨胀和收缩产生繁荣与衰退，经济过度的稳定反而成为滋生经济不稳定性的温床。然而，哈耶克对周期产生的理解，却与消费不足的学派相类似。哈耶克认识到经济里不同的部门对经济周期起伏的敏感性是不同的，周期品的生产比消费品的需求对周期的变化弹性更大。或者说，经济上游行业的周期敏感度比下游行业更高。这很可能是因为消费需求是相对稳定的，而上游周期品的生产则取决于经济里信贷的供应。这个关系类似于上文讨论的，农业生产中农产品的需求和耕作供应之间不同的弹性与时滞产生的农产品价格周期的扩散性关系。

在经济上行的时候，银行家有更强的意愿为工厂企业提供贷款，把市场利率压低到自然利率之下，使企业家提高产量的动机加强。这时候经济处于完全就业的状态，虽然生产上升导致收入增加，但也反而导致消费品生产持平甚至减少。这种消费者收入增加，但是消费品产出减少叠加的状态，使消费品价格上升，进而在后期压抑消费。由于消费需求基本上是储蓄意愿的镜像，消费的下降又将导致储蓄的上升，因此经济里的供求关系进入了负循环。简单地说，在哈耶克的理论世界里，银行过度信贷导致的生产的繁荣反而会使消费出现不足，而消费需求的下降最终将导致资本主义出现繁荣的崩溃。虽然这看似很有道理，也和明斯基的理论基本一致，但是哈耶克没有明确地把企业家预期的变化考虑到他的理论设立中，尤其是信贷供应变化引起的利率变化对经济里各个部门的作用。经济周期的复杂性很难以一个单一的变量完全解释清楚。

熊彼特对经济周期产生的见解，犹如他的创造性破坏理论一样具有创新性。他的创新周期理论区分了“发明”和“创新”。虽然发明是发现了新的生产方法，但是新的生产方法要通过创新来引入经济活动，只有那时发明才具有经济意义。这个时候，经济里的生产函数产生跳跃式的发展，而经济里的新的生产方法还会引起“效仿的热潮”，进一步扩大创新的经济意义。熊彼特对于经济不稳定性的理论，可能是所有经济周期理论中最为复杂的一种。然而，熊彼特的理论只解释了经济上行的阶段，也就是如何从正常阶段走向繁荣，即《易经》乾卦里的“潜龙勿用”到“见龙在田”，最后直至“飞龙在天”的阶段。但熊彼特并没有仔细地解释经济周期如何又从繁荣回落到衰退。

被誉为“现代宏观经济学之父”的凯恩斯的理论最有意思。凯恩斯强调预期的变化对经济里各个部门有不同的影响。与古典经济学和新古典经济学相悖的是，凯恩斯否定了古典经济学里两个重要的假设前提，萨伊定律和完全就业。萨伊定律认为，生产过程本身就可以自我创造需求，因此也就不会有生产过剩。只要工资和价格是有弹性的，那么总有一个市场价格能调节所有市场回到均衡状态。换句话说，古典经济学派和新古典经济学派认为，市场只有一个均衡点，一个使市场出清的价格，而这个价格的产生可以完全靠市场自我调节和运行。然而，在现实世界里生活的人，不需要任何的理论知识教育，都会发现这个过于学院派的经济学观点和我们实际生活的观察并不相符。

比如，在 2020 年的新冠肺炎疫情之中，原油期货价格曾经跌成了负价格。也就是说，当时的原油生产商需要付钱让客户把其花费巨额生产成本挖掘出来的原油拉走。这主要是因为新冠肺炎疫情造成经济停摆,对原油的需求断崖式下跌。同时，原油的生产是不能说停就停的。油井的一开一关都需要付出巨额的资金。在原油生产难以马上停顿，但是原油的需求却极度萎缩的时候，开采出来的原油需要贮藏的空间。不幸的是，当时的原油市场已经没有贮藏的空间了，就连海上的油轮几乎都装满了。因此，在原油期货交割的最后一刻，原油期货价格跌成了历史性的、不可思议的负价格。

2020 年 4 月 21 日，我在微博写了如下对于油价暴跌的分析：

昨夜，美油期货市场上演了史无前例的碾轧行情。5

月合约最低暴跌到 –40 美元 / 桶，打破了传统对于商品价格的认识。市场宁愿给钱也不要原油。曾经，原油被市场爱称为“黑金”，和黄金一样，往往在战争时暴涨。昨夜，市场却弃之如敝屣。

然而，在欣赏了原油史诗级别的跳水行情之后，我们需要思考，现实的市场情况以及反映在地板价里的预期，是否如一纸近月合约显示的那样极端？毕竟，5 月合约还有一天就交割了。

尽管昨夜五油暴跌，但是与原油相关的股票 ETF XOP.US（美国油气开采指数）并没有受到明显的影响，反而在一个下跌的市场里收涨。尽管六油价格有所回调，但其跌幅远没有五油惨烈。原油垃圾债的信用利差已经从高位回调到了 650 点左右，与 2015 年的高点基本一致。但油轮的舱价继续大幅上涨。

这些不同市场价格的交叉检验表明，昨夜原油违反常理的暴跌，反映更多的是市场结构问题。而石油市场因新冠肺炎疫情导致供需严重失衡的情况，在这种市场结构里被无限放大 —— 否则，一种商品的价格如何可以远低于它的开采成本。这样的石油价格，会让如马尔萨斯那样的经典经济学家在墓中都不得安宁。

库欣是一个储量较小的中心，总容量大约为 9000 万桶。过去3周，原油以每天75万桶的速度流入库欣，相当于一个中等欧洲国家每天的消耗量。以这样的速度，在5月底前，库欣将满库。同时，随着最近石油价格暴跌，美国最大的石油ETF收到了数十亿美元的零售炒家的资金流入。而这个基金建仓时，大约有1/5的仓位集中在五油。然而，上周USO（美国原油基金）把仓位移至六油，让五油在供需的失衡中自生自灭。

刚刚，面对着史无前例的负油价，特朗普说："其中大部分行情与做空有关。"他预测一个月内，油价将达到每桶25美元或28美元，其实基本就是比现在六油的价格高一点。特朗普还谈到他已经要求沙特阿拉伯和俄罗斯继续减产。然而，除非美国的新冠肺炎疫情出现转折，经济突然"V形"反弹，否则即便减产，原油供需严重失衡的局面也很难得到根本的缓解。

其实自页岩气革命以来，油价的总体趋势是向下的。做空油价和卖保险差不多。以前做多油价类似买保险对冲战争等尾部风险的逻辑，出现了模式转换。毕竟，买保险的总是没有卖保险的赚的多。现在这样的史诗级行情，散户还是围观就好。昨夜反常理的负油价印证了A股市场那句经典的话：地板下面，还有18层地狱。可能是现在经济衰退，连地狱也开始搞基建了，又再新建了18层。

2020 年 4 月原油跌出了负价格的情况，充分验证了凯恩斯的直觉：并没有一个唯一的市场价格可以让市场出清，使供求始终处于静态平衡——尤其在短期。市场的平衡是一种动态的平衡，也很可能没有唯一的均衡点。萨伊定律和完全就业这两个古典经济学和新古典经济学的假设前提，与我们现实生活的经验是明显相悖的。同时，消费和生产对利率的敏感程度不一样。消费，尤其是必需品消费，对利率的变化并不敏感，而利率的变化会导致企业家对利润的预期产生变化——低利率环境下企业家对利润的预期会比高利率环境下的预期要高，因为低利率环境更容易产生利润。经济的均衡，是指收入等于产出（类似统计 GDP 的两种方法，收入法和支出法）。收入可以在生产没有完全利用到社会所有生产资源的条件下仍然等于产出。这个时候，经济也是均衡的。因此，这个时候的经济平衡在了一个次均衡点上。或者说，在这时，经济资源并没有得到充分的利用和完美的配置，生产的方程式求得了一个次优解。

由于消费对利率的变化不太敏感，经济里最可变的、最受到银行商业行为影响的部分，是对利率变化非常敏感的投资部分。这主要是因为投资受到投资回报预期变化的影响。在一般的经济衰退中，央行可以通过下调利率，鼓励商业银行对企业进行贷款。这时，由于利率比较低，企业对利润的预期回暖，并开始追加投资，最终导致经济复苏。然而，如上所述，经济是可以停留于次均衡点上的。考虑一下，当经济严重而急促地衰退时，例如 2008 年次贷危机导致的全球经济衰退，即便美联储把利率下调到接近零的水平，企业的未来利润预期对于低利率很可能也并不敏感，或者说，低利率也无法改变企业家对未来利润的预期。这也是凯恩斯所说的资本边际效率崩溃的时刻。因此，可能企业家也将无视历史性的低利率而不进行投资。这时候，经济里只有政府部门的支出不受利率高低的影响，不完全受到经济环境的影响，也只有政府部门才有能力进行逆周期的政策调整。凯恩斯据此论证了经济严重衰退的时候，逆周期政策、扩张性财政政策的必要性。2008 年，对实际经济的观察验证了凯恩斯的这些理论。难怪学界感叹说："看看，我们现在都是凯恩斯主义者了。"

有趣的是，尽管凯恩斯提出了一系列重要的宏观经济理论，但他并没有提出一套完整的经济学理论来解释和预测经济周期的运行。当然，我们在他的《就业、利息和货币通论》里，能看到经济周期运行理论的影子和对该理论的应用。这或许是因为凯恩斯把经济周期的运行当作经济的内生部分。然而，在我的眼里，他对利润预期和利率心理反馈的见解，反而是最符合对经济周期运行的实际观察的，也因此最容易在投资实战里运用。简单地说，经济周期的产生，是因为经济结构中最易变化的部分——投资——因为利润预期的变化而变化。投资的起伏，加上不太容易改变的消费和自我调节的政府部门的支出，造成了经济周期的起伏。然而，在投资边际效率突然崩溃的时候，利率的下行不再能够改变企业家投资的预期。此刻，经济陷入一个负循环，并有可能长时间停留在一个次优均衡点上，比如日本。只有主动的政府支出和扩张性财政政策，才能把经济从万劫不复的深渊中解救出来。

2020 年新冠肺炎疫情暴发之后，各国的经济以史无前例的速度崩溃。美国的经济在 2020 年第二季度时，被预测将萎缩 25%~50%，实际失业率接近 20%。而 1929 年大萧条的时候，失业率大约为 25%。可以想象，此刻无论利率如何下行，企业家对利率的预期都难以回暖。

四类经济周期

周期模型是用来预测拐点的。“周期”一词代表规律性，意味着经济变量围绕长期趋势波动，并具有明确的长度和幅度。当然，实践中经济变量的波动是变幻莫测的，而趋势也短暂多变。经过多次波动后最终形成可辨识的趋势所需要的时间，很可能比市场参与者短暂的记忆和许多市场专家的职业生涯还要长。即使周期形成后，其长度和强度可能也会有很大的差异。

但这些挑战从来不能阻止经济学家努力从数据中破译经济周期和趋势。事实上，任何周期模型的意义都在于发现趋势的转折点，尤其是对于市场参与者而言。有能力掌握中、短周期的高峰和低谷出现的大致时点，就意味着交易员对是获取利润还是承受损失是有把握的。然而，经济长周期出现的原因难以深究，对交易的作用也有限。在通常情况下，即使有了明确的数据证据，在对所谓周期似乎没有确凿的逻辑理论解释时，市场还是会对周期的存在和运行将信将疑。

理论上，经济里有四个周期。按照长度顺序，这些周期分别是：基钦库存周期（3~5 年）、朱格拉资本置换周期（7~11 年）、库兹涅茨建筑周期（15~25 年）、康波基本资本品周期（50~60 年）。根据熊彼特的理论，1 个康波周期 = 3 个库兹涅茨周期 = 6 个朱格拉周期 = 12 个基钦周期。可以看到，它们都是以发现它们的经济学家命名的。这些周期的运行相互交织镶嵌，熊彼特曾说："每个更高等级、更长的周期可以被认为是下一个较低等级、较短周期的长期趋势。"每个周期内的上升和下降是相对于趋势定义的。数据也可以在下降趋势里，在特定的月份或季度中出现上涨。我们在股票市场里讨论过的中国长约 3 年的房地产库存投资周期，类似基钦库存周期。

值得注意的是，对周期预测的准确度与周期的长度成反比。周期越长，经济数据中模糊和难以理解的细节将变得越多。因此，康波周期是最有争议的。萨缪尔森曾试图用一个脚注草草埋葬康波周期："这些长期的波动是否只是因为发现新金矿、科技发明或者政治战争爆发等偶然事件，现在下结论还为时过早。”即使对于发现这个长周期理论的康德拉季耶夫来说，他在第一篇论文中对这个长周期的表述也是充满犹豫的。他这样写道：“在上面的简述中，我们并非在为长波理论奠定适当的基础。”当时，康德拉季耶夫认为，这个长周期是资本主义制度内生的,而且当时正在开始进入上行阶段。这个预测和当时的“共产主义理想”相抵触，被认为是“反动的”。不幸的是，康德拉季耶夫未经审判就很快被放逐到西伯利亚，并被单独监禁。

在图 4.3 中，我们用过去 100 年的美国数据证实了康波周期的存在。由于缺乏长期的时间序列，我们无法展示中国经济里的康波周期。但我们坚信它的存在，正如康波周期已经在许多其他国家的经济体系里被证明了一样。学界也有对于中国古代朝代更替周期的研究。这些历史周期持续的时间更长，往往可以长达几百年左右，与气候的变化、农耕的条件、人口的结构和外族的入侵都有关系。这样的长期波动虽然有趣，但与短期交易并没有什么关系。事实上，即使像朱格拉周期和库兹涅茨周期那样趋于 10 年或以上的周期，虽然比康波周期短许多，但也很容易超过许多投资分析师职业生涯的长度。如果这些周期被用于做不到一年的短期的市场择时判断，也可能是非常不精确的。因此，当我看到专家用朱格拉周期来解释重型卡车和挖掘机的强劲销售时，便会有些担心。这种分析，就像是用大炮打蚊子一样。

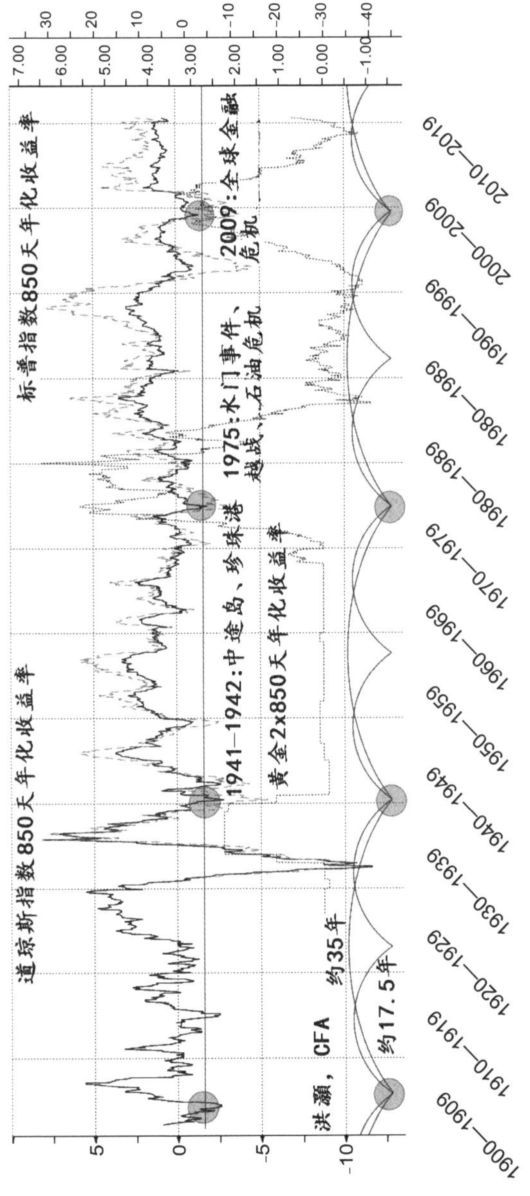

图 4.3 美国经济的长周期

注：道琼斯指数 850 天年化收益率（左轴），黄金 2×850 天年化收益率（右轴内），标普指数 850 天年化收益率（右轴外）。

数据来源：彭博，作者计算。

美国经济的短周期

如上所述,周期模型的意义在于寻找拐点。预测是困难的，尤其是在预测未来的时候。虽然所有的模型都有失误，但仍然有一些模型是有用的。任何周期性模型的意义都在于，评估和预测许多人难以察觉的潜在趋势，以及拐点的大致时间。虽然这样的预测没有必然兑现的保证，但却提高了交易获得盈利的可能性。掌握周期高峰和低谷的时机，意味着对交易时的盈利或损失有把握。对于交易员来说，任何事后解释都是徒劳的。因此，以预测为目的，我们的讨论将聚焦于增长率周期。这个周期与平常讨论的增长周期不尽相同。增长周期包含经济活动绝对水平的收缩和扩张，而增长率周期则可以衡量经济增长变化的速度，更适用于对拐点的预测。即使经济活动的绝对水平仍在扩张，经济增长率周期也可能已经开始下行。其实，在本书的讨论里，几乎所有的量化模型和图表用的都是增长率周期的概念。

全球经济在 20 世纪 90 年代经历了不同步的衰退，但是这个情况过去其实许多经济学家是没有觉察到的。这是因为战后诸如德国和日本等国的经济增长，表面上似乎从来没有被打断过。对于这些国家来说，“衰退”其实是指实际增长率持续低于增长率的长期趋势。日本在所谓“失落的 10 年”中的增长率，实际上是在 3% 左右。1978 年改革开放之后，中国也经历了持续的经济增长。因此，在分析中国经济周期的运行时，增长率周期的概念更为适用。

最著名的、研究长波的俄罗斯经济学家尼古拉·康德拉季耶夫在他的著作《经济生活中的长波》（*The Long Waves in Economic Life*）里写道："在经济学中，我们所说的周期，通常指的是 7~11 年的商业周期……我们都同意称之为'中波'。最近有证据表明，大约 3.5 年的、更短的周期很可能也存在……中波的时长介于 7~11 年之间。"有意思的是，这些周期的长度，与我们用实际数据模拟出来的美国经济的短周期（基钦周期）和中周期（朱格拉周期）的长度非常吻合。我在形成自己的周期理论体系的时候，断断续续地阅读了一些前辈的文章，但并没有系统地去了解康德拉季耶夫的周期理论体系。因此可以说，我和其他学者的研究过程是相互独立的。因此，我们的研究成果的互相印证，也就是这些周期的叠加和时间久期相似性，印证了经济周期是真实存在的。

在图 4.4 中，我们使用调整后的标普指数每股盈利来衡量美国经济的短期波动。我们的分析显示，美国经济显然存在一个 3.5 年的周期。两个 3.5 年的短周期构成了一个完整的、从谷底到下一个谷底的 7 年的中周期。我们观察到的情况如下。

第一，1994 年以来，有 6 个 3.5 年的短周期和 3 个 7 年的中

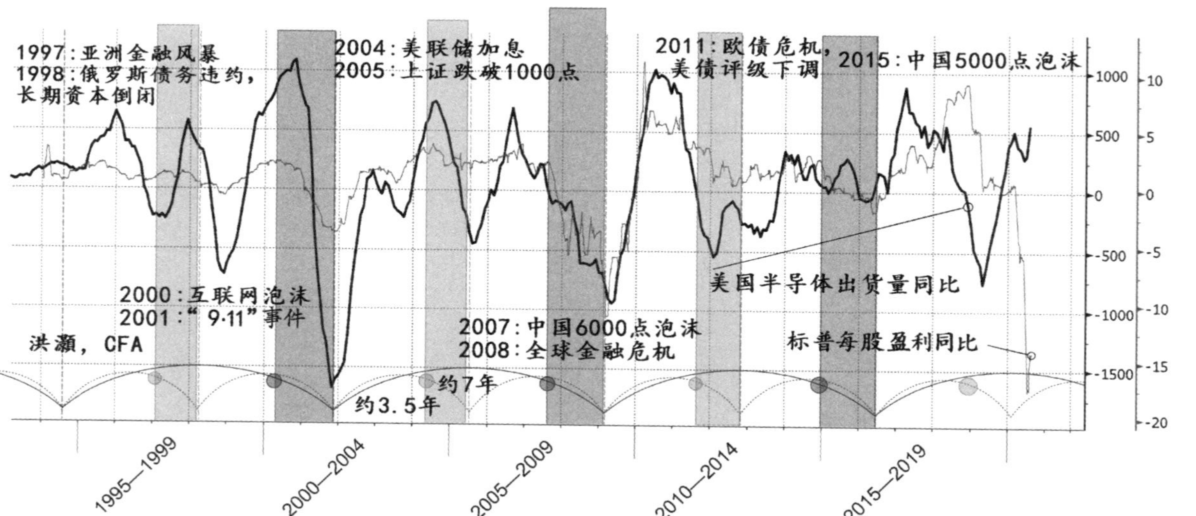

图 4.4 美国经济周期和标普指数每股盈利周期的比较

注：以半导体出货量同比变化（黑色线，右轴内，百万美元）表现美国经济周期运行和标普指数成分股公司每股盈利同比变化（淡灰色线，右轴外）的3.5年短周期与7年中周期。其中，短周期和中周期的下行阶段分别以浅灰色和深灰色柱状阴影区域标出。浅灰色为周期中的放缓期，深灰色为7年周期的结束期。短周期下穿中周期的时点用浅灰色圆圈标出，短周期和中周期同时开始下降的时点用深灰色圆圈标出。

数据来源：彭博，作者计算。

周期（如图 4.4 底部时间轴上方的浅灰色和深灰色弧线所示）。最近的两个完整中周期分别是 2001 年 12 月至 2008 年 12 月，以及 2008 年 12 月至 2015 年 12 月。而 2005 年年中和 2012 年年中分别为周期性间歇期。

第二，在 7 年中周期内的第一个 3.5 年短周期里，当短周期结束上升趋势，然后下行穿破中周期时（图 4.4 中以浅灰色圆圈表示），往往伴随着区域性危机（图 4.4 中以浅灰色阴影时间段表示）。例如，1997 年亚洲金融危机和 1998 年俄罗斯债务违约，以及 2011 年欧洲主权债务危机和美国历史性的主权评级下调。2018 年土耳其和阿根廷发生的危机，似乎正是这种性质的中期危机。

第三，在 7 年中周期的下半场，当 3.5 年短周期和 7 年中周期都同时开始下行时（图 4.4 中以深灰色圆圈表示），往往会发生规模更大的危机。例如，2000 年的互联网泡沫的破灭，2001 年的“9·11”事件和美国经济衰退，以及 2008 年的全球金融危机（图 4.4 中以深灰色阴影时间段表示）。尽管很少有人讨论，但其实 2001 年和 2008 年美国股市的跌幅差不多——都腰斩了。这两次深刻的危机给了我们合理的时间锚，以计算周期的持续时间。上升趋势对资产价格的积极影响往往比下行趋势的负面影响持续的时间更长。

第四，历史表明，全球市场在 2018 年第四季度面临的挑战有可能是 11 年中周期的最后一段。这个中周期包括 3 个 3.5 年的短周期，从 2009 年初开始，至 2019 年初结束。但这也可能是从 2016 年初开始的，是一个为期 7 年的中周期内的第一个 3.5 年短周期。这个稍短的 7 年中周期包括两个 3.5 年的短周期。因此,2018 年第四季度出现的动荡级别代表着一个 3.5 年短周期的结束，远没有 11 年中周期结束所带来的动荡那么严重，所以也没有让当时的美国经济直接进入衰退。

第五，在 2018 年第四季度前后，中国自身的 3 年经济短周期正进入最后的下行阶段。我们的模型结论显示，中国周期的这一下行阶段，恰好与美国 3.5 年短周期的后期下行阶段相一致（2018 年第一季度至 2019 年第四季度），这将是动荡之季。当时的中国股市已经下跌了许多，这一周期阶段的时间巧合很可能是当前中国股市难以寻底的原因。

图 4.4 是我们使用彭博图表工具绘制的，虽然它合乎常理，并具有视觉上的冲击，但我们需要量化建模以验证它的严密性。从图 4.5 到图 4.7，我们使用调整后的每股收益的月度数据来模拟美国经济的短周期和中周期。我们的量化模型可以清晰地展示过去 20 多年美国经济的 3.5 年短周期，以及包含了两个 3.5 年短周期的 7 年中周期。然后，我们将标普指数、工业产出、产能利用率、经济领先指标、资本支出计划和就业等美国宏观经济变量与美国经济周期指标叠加在一起，读者可以

清晰地看到这些变量与周期指标之间的紧密联系。

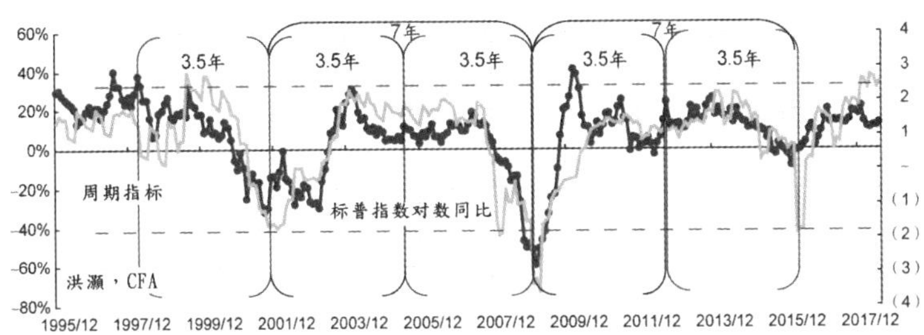

图 4.5 量化的美国经济 3.5 年短周期和标普指数的对比

注：美国经济周期指标（右轴，灰色线），标普指数对数回报率周期（左轴，黑色线）。短周期（3.5 年）和中周期（7 年）以大括号表示。

数据来源：彭博，作者计算。

市场价格、产出、成交量和调查之间的这些价、量的相关性，证明了我们的周期模型的有效性：这里定义的周期性并不能简单地当作偶然性而打消。所有这些重要的时间序列都显示了相似长度的、清晰界定的时间久期。尽管这些数据经过了复杂的统计和数学处理，但它们的重要转折点在很大程度上都是一致的。这些周期序列中鲜有普遍存在的、偏离一般规则的情况。即使出现偏离根本趋势的情况，这种偏离往往只会加速或减缓其自身运行的势能，而不会改变根本趋势。这种罕见的暂时性的趋势偏离，本身就是值得注意的，是周期存在的证据。

可以看到，美国经济的 3.5 年短周期与中国经济的 3 年短周期是基本一致的。我们在前文讨论的中国的猪肉价格周期的运行，也从侧面证明了中国经济的 3 年短周期。中美两个经济体中，由两个短周期组成的 6~7 年的中周期也是基本一致的。中美两国短周期与中周期的交汇，必然对经济和市场的表现，以及政策的选择产生深远影响。

在前述和后续的讨论中，我们用计量经济学定义了美国经济的 3.5 年短周期和中国经济的 3 年短周期。正是因为经济周期的变化，我们才能观察到各国宏观经济变量波动的相似性和同时性。周期似乎围绕其既定的趋势有节奏地波动。当然，我们也不用过分纠结美国经济短周期和中国经济短周期之间大约两个季度的差异，经济周期不可能像石英闹钟那样精准。

康德拉季耶夫在他开创性的著作《经济生活中的长波》中讨论了短周期、中周期与长周期之间的差异。他似乎不同意一些批评者的看法,即中周期是由资本主义制度推动的,并受到“偶然的，经济以外的情况和事件的催化”，例如技术的进步，战争和革命，新国家融入世界经济，黄金生产的波动。相反，他认为这些看起来改变了历史进程的变化其实是周期内生的。例如，技术进步可能在周期转折点之前几年就已经产生，但在不利的经济条件下，新技术并不能立即投入使用；战争和革命可能是争夺稀缺资源以发展经济的结果；随着旧世界需求的扩张加剧了开辟新市场的渴望，而新世界也随之渐渐地融入旧世界；黄金产量的增加是经济扩张带来的货币需求增加的必然结果。

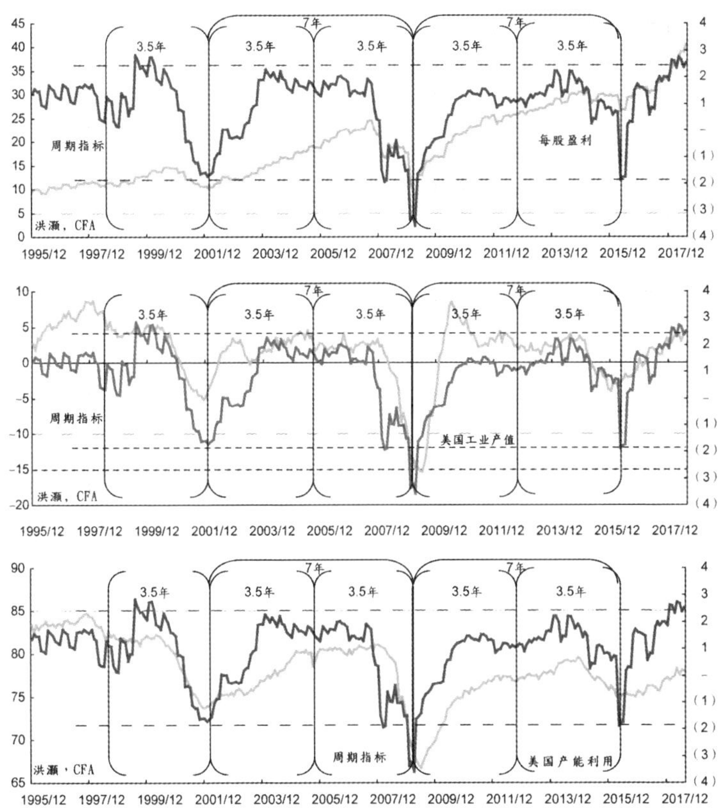

图 4.6 量化的美国经济短周期与各宏观经济变量的比较（1）

注：美国经济周期指标（右轴，灰色线），美国经济的一些重要指标（左轴，黑色线）。短周期（3.5 年）和中周期（7 年）以大括号显示。

数据来源：彭博，作者计算。

我们对于中美经济周期运行的观察和论证，结合康德拉季耶夫的理论假设，有助于清楚地认识近年来的经验。中国 2014 年为棚户区改造释放流动性，2015 年中国市场泡沫，

2016 年特朗普赢得美国总统选举，以及因中国的供给侧改革，商品价格自 2016 年以来的复苏，还有日益升级的贸易摩擦，都有可能是经济周期内生的。虽然这些历史性事件对市场产生了深远的影响，但经济周期的不同阶段、不同的供需形态，以

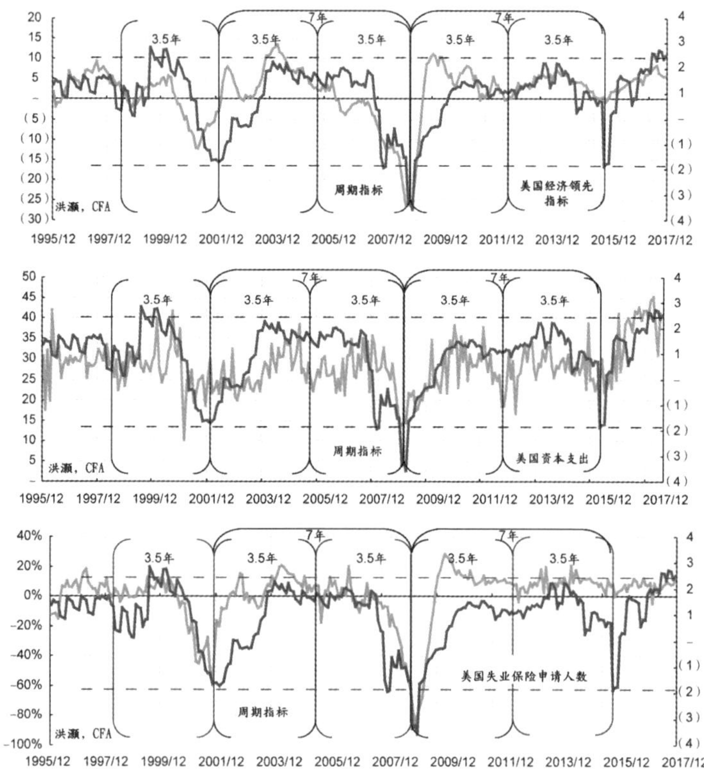

图 4.7 量化的美国经济短周期与各宏观经济变量的比较（2）

注：美国经济周期指标（右轴，灰色线），美国经济的一些重要指标（左轴，黑色线）。短周期（3.5 年）和中周期（7 年）以大括号显示。

数据来源：彭博，作者计算。

及它们对市场价格的影响，都有助于人们观察并解释这些事件。与市场价格同步的情绪波动可能会引起我们对这些事件的关注。2018 年 9 月 3 日，在首次公开发表对中美经济周期运行中的纠缠及其后果的讨论和预测时，我写道："随着美国的 3.5 年短周期在下穿 7 年中周期前冲顶，特朗普在贸易摩擦的谈判中会更加肆无忌惮、一意孤行，并将最终导致暂时貌似强大、刀枪不入的美国市场回落。同时，美国短周期的拐点可能会让当前普遍看涨的市场共识措手不及，因而导致意外的重大调整。最终，中国 3 年短周期的减速阶段将把美国经济顺道也带下来。"报告发表的那天，正好是 2018 年纳斯达克指数在上一个短周期见顶的时刻。随后，美国市场暴跌，使 2018 年第四季度成为自大萧条以来最糟糕的第四季度。

中国经济的短周期

中美经济存在明确的短周期。这些周期本身根植于经济运行的内在动力。在周期运行的时候，大量经济变量同时地、有规律地波动，并在经济运行的轨迹中引发"潮起潮落"。每隔几年，当美国和中国的短周期纠缠在一起时，市场和社会领域就会出现显著的波动。过去几年发生的历史性事件，比如 2015 年的中国泡沫、2016 年特朗普当选总统以及近两年日渐升级的贸易摩擦，很可能是这些周期引发的观察偏见，而不是周期的起因。否则，我们必须要解释带有偶然性的历史性事件为什么会有时间规律地发生。在下文中，我会以量化的尺度来验证中国经济里这些短周期的存在。

2018 年第四季度，中国的 3 年短周期正快速陷入最后的减速阶段，而美国的 3.5 年短周期正飙升至拐点附近，即将进入下行阶段。随着历史的重演，就像我们的量化模型所显示的那样，重大事件和剧烈的市场动荡随后开始出现。当时，美国市场在拐点前的强劲表现并非因为特朗普的英明决策。其实，这些政策反而强化和加速了美国短周期的运行。美国经济短周期的强势，使特朗普在 2018 年的贸易谈判中采取了更强硬的立场，进而使美国的政策选择更偏激，也最终导致美国周期下行的拐点来得更猛烈。

同时，中国的政策应对受到国内杠杆高企和房地产泡沫的阻滞。中国哲学总是坚持“人定胜天”，忽略了周期的力量。对于周期下行产生的阻力匆忙应对，将有可能让我们暂时偏离长期结构性改革的轨迹。中国市场往往在政策基调转向宽松的时候进入寻底阶段。然而事实证明，当美国和中国经济周期同时进入上升或下行阶段时，两个经济体周期的交汇而产生的合力是很难抗拒的。中国由于周期较短而往往领先，而中国股市近期的表现很可能已经为中国市场未来跑赢美国市场拉开了序幕。

美国经济在2021年将逐步进入中周期的下行阶段。由于一个中周期往往持续7~11年，包含2~3个短周期，2021年可能是从2016年开始的持续了7年的中周期的下行阶段。如果是这样，全球市场的动荡就会接踵而至；又或者，那时有可能是2016年以来的新的11年中周期里的第二个3.5年短周期。这个中周期将在2021左右下行，并伴随着严重的危机，之后再次进入11年中周期的最后一个3.5年的短周期。但无论2021年是7年中周期的结束，还是11年中周期开始下行的最后一个短周期，那一段时期，市场和经济的表现都会极度动荡不安。

在2017年3月，我第一次通过定量的方法阐述关于中国经济运行3年短周期的理论。我们通过分析房地产实际投资增长数据与其长期趋势的偏差，得出了3年经济短周期的规律。截至2018年，中国经济运行共有将近5个非常清晰的3年经济短周期：2003—2006年、2006—2009年、2009—2012年、2012—2015年，以及从2015年第四季度至2018年底、2019年初。在本书着笔的时候，2019年初开始的短周期仍然在进行。为了验证这个3年经济短周期，我将其与中国其他宏观经济变量的量价数据进行比较。我们证明了螺纹钢价格、利率、工业产出、股指和盈利预测等指标的走势，都和中国3年经济短周期密切相关。这说明了中国3年经济短周期可以解释其他宏观经济变量的走势（见图 4.8）。从过去 20 年的数据可以看出，中国经济周期的长期趋势是向下的，每个周期的高点和低点都在不断下降。这个长期的下行趋势其实不难理解：中国巨大的投资规模以及快速增加的杠杆，压抑了新投

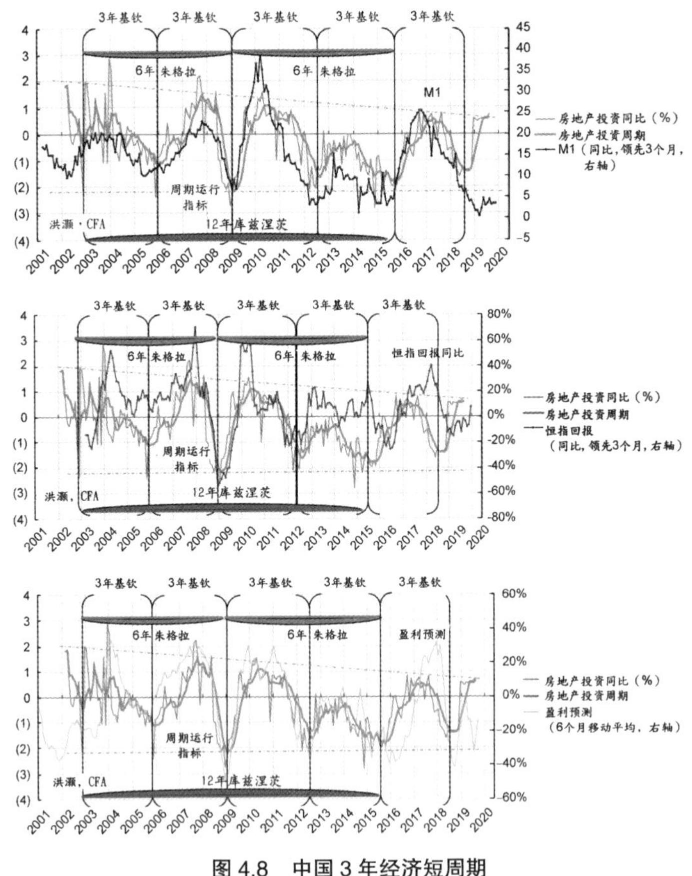

图 4.8　中国 3 年经济短周期

数据来源：彭博，作者计算。

资的边际回报，限制了经济发展中进一步有效投资的空间。经济周期持续的时间长度可能与房地产建筑施工周期有关。比如，建设一座30层高的住宅楼，建筑完成需要的时间为9~12个月，水电安装需要3个月左右，再加上安全检查和各项审批的时间，所以完成时间为1.5~2年。其后还需要约1年时间消化房屋库存，使房地产的库存投资周期约为3年。而建筑周期归根结底就是信贷周期。

中国的库存投资周期也具有清晰的、大约3年的周期，并呈现出长期向下的趋势。过去10年里，每个周期的高点也在不断下降。图4.9对比了中国工业产成品库存变化的周期全球金属价格周期。可以看到,这些宏观经济变量都是密切相关的。在过去20多年中，这些变量的相关性并没有发生改变，并呈现出一个时长约为3.5年的周期。这些周期的重要低点，分布在2002年初、2008年末、2015年末，以及2018年末至2019年初。这些重要的库存周期低点同时伴随着严重的经济衰退，如2002年和2008年，以及极端动荡的市场和类经济衰退，如2015年末至2016年初中国股市泡沫的破灭，2018年末中美周期冲突，美联储货币政策失误而产生的市场剧烈的震荡和经济下行的压力。

我们还可以把中国的狭义货币供应周期与中国的工业产成品库存周期变化进行比较。中国的狭义货币供应周期领先工业产成品库存周期3~6个月，并存在一个明显的约3.5年的周期。也就是说，中国人民银行的货币政策选择也是有明显的周期性的，并且在过去20多年以来一直遵循着这个周期规律。直觉上，央行的货币政策是经济周期的稳定器，其稳定作用表现在，当经济出现下行压力的时候，央行提前对其货币政策进行调整，因此体现在货币政策和工业产成品库存周期的时滞关系上。假如工业产成品库存周期有着明显的周期性特征，那么央行的货币政策也将呈现出逆周期调整的特征。虽然这个调整有一定的前瞻性，但是它的时长应该与工业产成品库存周期一致。而历史数据显示，两个变量的关系的确如此。

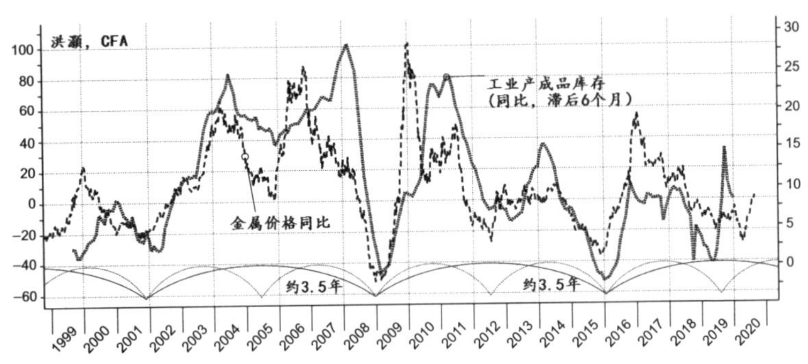

图4.9 中国工业产成品库存和金属价格同比

注：金属价格同比变化（左轴），工业产成品库存同比变化（右轴）。

数据来源：彭博，作者计算。

更有意思的是，中国的狭义货币供应周期和工业产成品库存周期与全球股指的运行也有密切的相关性。当然，我们知道相关性并非因果关系，中国的宏观数据变化周期并不一定是全球股指起伏的决定性因素。然而，考虑到中国经济在全球经济中举足轻重的地位，以及中国在全球产业链里处于中上游的位置，中国的货币政策选择和工业产成品库存的变化所反映出来的中国经济周期的运行，也势必影响全球股指的运行。同时，这些变量周期的时间久期大概也是一致的。历史数据印证了这个理论（见图 4.10）。

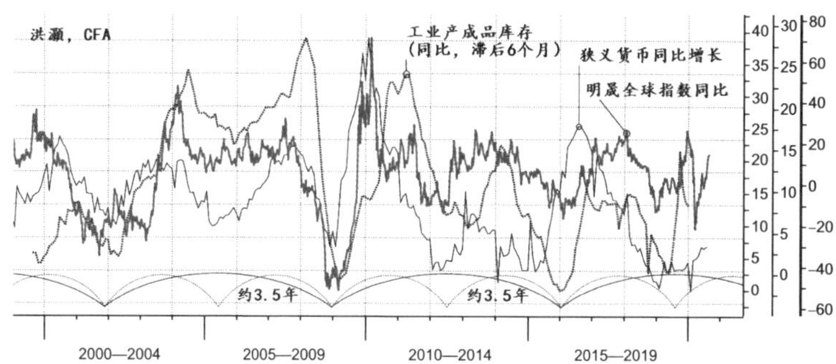

图 4.10 中国狭义货币供应、工业产成品库存和全球股指的 3.5 年周期

注：狭义货币同比增长（右轴内），工业产成品库存同比变化（右轴中），明晟全球指数同比变化（右轴外）。

数据来源：彭博，作者计算。

以周期预测股市

及时止损，但不要止盈。

——李嘉图

李嘉图是一位传奇的古典经济学家。他的经典著作《政治经济学及赋税原理》是宏观经济学的奠基石之一。出人意料的是，李嘉图还是一个追随股市趋势的交易员。他出生于伦敦的一个犹太股票经纪家庭,并在14岁时搬到阿姆斯特丹。在那里，李嘉图接受了更广泛的犹太社区圈子的教育，并很快学会了股票交易的艺术。

当时，李嘉图因为向一位贵格会教徒求婚而被父亲逐出家门。他别无选择，只能转向借助他所懂的唯一技能，也就是股票交易而谋生。不久，李嘉图证明了自己是“伦敦金融街的超人”，并积累了足够的财富，购买了一座乡村庄园。他的交易能获取盈利的秘密很简单：“永远不要拒绝选择的权利。及时止损，但不要止盈。”

当厌倦了赚钱后，李嘉图把他的兴趣转向了经济学。他对亚当·斯密在《国富论》中的见解非常着迷。从那时开始，整个经济学科都要感谢李嘉图的交易天赋。如果没有他对交易趋势独到的见解，世界就会错过一位伟大的经济学家。

我在前文中讨论了关于中国和美国经济短周期运行的理论，并详细论述和量化证明了这些周期的存在。在图 4.11 中，我们可以证明欧洲经济中也存在类似的约 3.5 年的经济短周期。与中美经济周期的运行一致，每个中周期可以包含 2~3 个 3.5 年的短周期，时间跨越 7~11 年。这个观察与熊彼特的三个周期说类似。熊彼特提出，朱格拉周期由数个短的存货周期，也就是时长约 3.5 年的基钦周期叠加而成。而数个朱格拉周期的叠加，最终形成了康波周期。熊彼特还认为，没有理由相信经济周期的运行只存在一种单一的波动。相反，这些波动必然要持续较长的时间，它们对经济生活的影响才能够完整地体现出来。熊彼特的三个周期说，与我前文论述的周期叠加理论类似，三个基钦周期构成一个朱格拉周期，而大约六个朱格拉周期构成一个康波周期。熊彼特坚定地宣称，这些周期的叠加“不是平均意义上的，而是一个个叠加组成了更长的周期”。

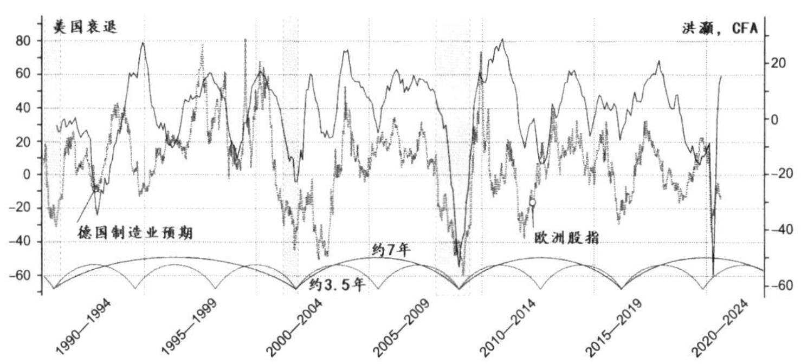

图 4.11 欧洲经济的短、中周期和欧洲股指

注：欧洲股指（左轴），德国制造业预期（右轴）。

数据来源：彭博，作者计算。

那么，李嘉图对跟随市场趋势的见解与我们的经济周期模型究竟有什么关系？

在经历了 2020 年 3 月历史性的股市暴跌，以及全球央行史无前例的宽松货币政策之后，我们观察到一系列经济周期指标开始从低位反弹。比如图 4.11 里的制造业预期指数，正在从一个类似 2008 年第四季度的深度开始反弹。同时，欧洲的股指和美国的半导体出货量同比增长也开始低位反弹。这个反弹是全球性的。我们也可以看一下铜周期（见图 4.12）。由于铜是一种重要的工业金属，它的价格一直对经济周期的起伏非常敏感。许多宏观分析师把铜作为一个重要的经济周期领先指标，还把铜誉为“铜博士”。我的量化分析发现，铜的价格周期确实存在着一个约 3.5 年的周期。这个铜价格周期和我们之前论述的中国经济的短周期长度基本一致，周期的各个低点也大致吻合。由于中国经济的短周期运行和上证指数的回报周期

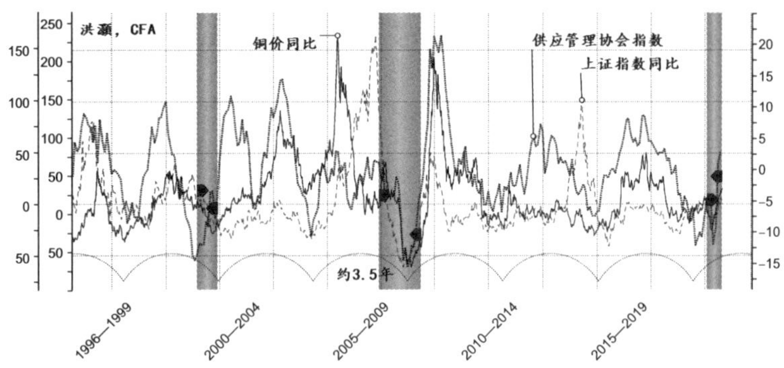

图 4.12 铜周期、供应管理协会指数和上证指数回报率周期

注：铜价同比变化（左轴外），上证指数（左轴内），供应管理协会指数（右轴）。

数据来源：彭博，作者计算。

也基本吻合，所以铜周期的存在进一步证明了周期在其他宏观变量里的客观存在。我在 2020 年 6 月中旬写作本书时看到的是，铜周期也开始从低位反弹。

全球经济的修复，还可以从市场情绪的修复中得以验证。比如，我们可以用铜和黄金的非商业净头寸之差，作为市场情绪的度量。由于这是本书第一次提到这几个重要的概念，我希望用一点篇幅讲述一下这几个宏观变量的意义，以及它们在市场预测中的用途。

铜是一种重要的工业金属，而黄金则是有名的避险金属。当然，在 2020 年 3 月历史性的市场暴跌之中，黄金也不能幸免，随着股市的暴跌而下挫。然而，市场总是“在恐慌中抛售黄金，在绝望中买入黄金”。或者，也应验了中国的那句老话：“乱世买黄金。”这是因为在市场恐慌性抛售的时候，人们并不觉得形势已经糟糕到覆水难收的地步。这时候，人们卖黄金主要是因为现金流动性的需要，尤其是基金经理需要现金来应对基金赎回的压力。然而，当市场完全绝望的时候，也就是说，形势糟糕到连美元这个曾经的“纸黄金”也信不过的时候，比如出现战争、恶性通胀等，那么在这个绝望之际，也只有实物黄金才能真正地避险了。

非商业净头寸则是一个衡量商品期货市场里纯投机仓位的指标。我们不需要看商业头寸，也就是那些大众商品生产商、贸易商的头寸，因为这些头寸主要是用来对冲手上本来就有的风险敞口的。比如，一个铜矿公司，它手上本来就因为铜的生产而有了一个天然的多仓。这个天然的铜多仓在交割给客户之前，必然受到未来市场波动的影响。如果在交割前铜价跌了，那么这个铜矿公司就会损失收入。因此，铜矿公司就会在交割日前去交易所，用一定的价格卖出铜矿期货，锁定自己的收入。然而，铜矿公司的这个卖空铜期货的仓位，并不代表它对未来铜价走势的看法，而是表现了这个公司保护自己的收入不受价格波动风险影响的意愿。因此，这个商业头寸并没有隐含预期，只是一种自然的商业行为。

有读者会说，这种头寸还是有一定的隐含预期的。比如，如果铜矿公司认为未来铜价将要上涨，因此可以以更高的未来现货价格卖出铜的存货，获得更多的收入。然而，不要忘了，铜矿公司的铜的生产是源源不断的。它不可能把自己所有的存货都在一个最高点卖出，然后关门大吉。因此，对于未来每一个市场价格，只要铜矿公司有铜的产量，它就会面临价格波动的风险或收益。以铜期货仓位来对冲未来铜价的风险，能够让铜矿公司更加专注于自己铜矿的主业。当然，我也知道，国内有很多大宗商品公司在期货市场上的仓位带有很多投机的色彩，以图获得收益来增加公司的盈利，但是这也让公司暴露于大宗商品价格波动的风险中。这也是为什么 2020 年新加坡

“燃油大王”林恩强旗下的兴隆集团，在石油行业发展了多年，最终由于油价历史性地暴跌至负值而宣告破产。类似的标志性事件还有 2008 年大宗商品价格暴跌导致中信泰富破产。

当我们把铜期货的非商业头寸与黄金的非商业头寸相比，也就相当于我们把市场对铜价未来的预期和黄金价格未来的预期做对比，把市场对经济周期最敏感和最不敏感的预期做比较。我们通过这样的比较得出来的指标，放大了经济周期的敏感性，是对经济周期运行最敏锐的衡量之一。当我们把这个指标和美国十年期国债收益率同比变化做比较时，可以看到，这两个变量是密切相关的，都是对经济周期运行最敏锐的衡量。在 2020 年 6 月，这两个指标都开始从历史低位反弹，显示经济周期似乎在全球央行同时宽松的条件下修复（见图 4.13）。

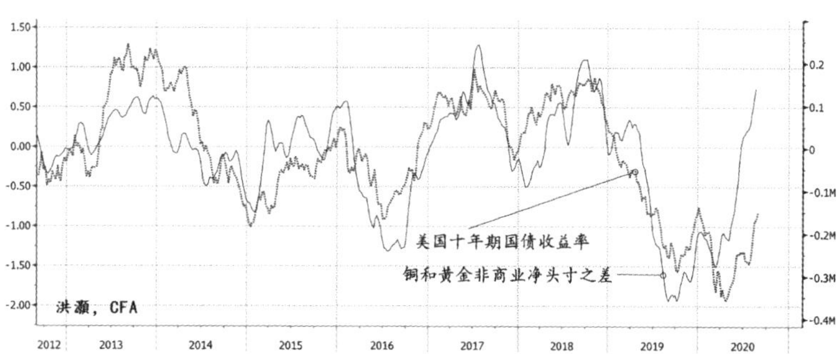

图 4.13　铜和黄金非商业净头寸之差与美国十年期国债收益率

注：美国十年期国债收益率（左轴），铜和黄金非商业净头寸之差（右轴，百万张合约）。

数据来源：彭博，作者计算。

当然，这是从市场价格倒推出来的价格隐含预期。在未来价格发生变化的时候，比如，假如新冠肺炎疫情二次暴发时，市场价格里隐含的预期也会随行就市。

任何周期模型的重要性在于评估和预测许多人不易察觉的潜在趋势，以及转折点的大致时间。尽管并非万无一失，但这些预测可以提高交易策略获得盈利的可能性。作为宏观策略师，我们不能仅仅停留在简单的经济预测中，还要判断我们的预测可能带来的市场价格波动。我独有的周期模型自开发以来有着持续良好的记录。这些模型似乎都在指向 2021 年将要出现“周期之末”。

我们应如何将这些经济周期模型应用于市场交易模型的开发？新的交易策略对当前的交易环境又有哪些具体的关键判断？

中国市场回报率的周期

市场改变了吗？简言之，并没有。市场只是人类情感的货币反映……我在20世纪50年代赚了大钱的交易方式，与我的前辈利弗莫尔和巴鲁克的交易方法并无不同……也就是顺势航行到汹涌的市场情绪浪潮之巅。

—— 尼古拉斯·达瓦斯，舞蹈家，自学成才的投资者和畅销书作家由于经济周期有规律地潮起潮落，我们观察到各种宏观经济变量在各国之间波动的相似性和同时性。经济周期似乎围绕着其潜在趋势有节奏地波动。直观地说，股票市场作为经济基本面的晴雨表，其价格变动必然在本质上反映了潜在的经济基本面。

此前，我们根据市场与经济周期之间的相关性进行市场预测。迄今，我们已经证明了中国经济的短周期波长为3~3.5年。现在的问题是，股票市场如何反映这一经济短周期？我们知道，3.5年是42个月，两个3.5年的短周期共同构成了7年的中周期。上海证券交易所里，每个月平均有20.2个交易日，每个3.5年的短周期约有850个交易日（3.5×12×20.2=848.4≈850个交易日）。如果我们计算850天交易周期内市场每日的回报，理论上我们应该在回报率的波动中看出一些经济周期运行的影子。经济周期的长度应与移动均线上的重要拐点大概一致。

实际的情况也确实如此。在图4.14中，我们展示了中国市场的回报率如何在7年的中周期内起落回归，这个中周期由两个850天的短周期组成。同时，图4.14还显示了850天中国市场回报率与美国经济领先指标之间的密切关联性。请看看它们如何在图4.14中同步振荡。这是中国股市周期，以及中美经济之间的相互依存关系最有力的证据。

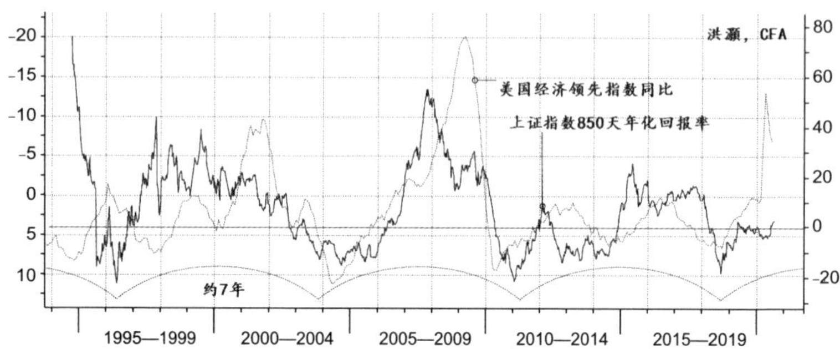

图 4.14 上证指数 850 天年化日回报率的 7 年周期（3.5 年≈850 个交易日）

注：美国经济领先指数（左轴），上证指数 850 天年化回报率（右轴）。

数据来源：彭博，作者计算。

如果我们简单地在上证指数对数价格图上绘制一条 850 天移动均线，可以看到这条移动均线在历史上许多重要的转折点都是重要支撑和阻力线（图 4.15 中灰色圆圈表示显著的支撑点位和显著的阻力点位）。这些观察结果与我们上述的假设一致，并证实了以我们的 3.5 年经济短周期为基础的 850 天股市周期的显著性。

从图 4.15 中可以看出，850 天移动均线是一条指数现价的收敛线。从长期来看，指数现价高于或低于这条移动均线都会向其聚拢。也就是说，上证指数的价格运行具有强烈的均值回归特征。移动均线通常的应用，往往是将现货价格与平均值进行比较，以衡量潜在趋势的可持续性。

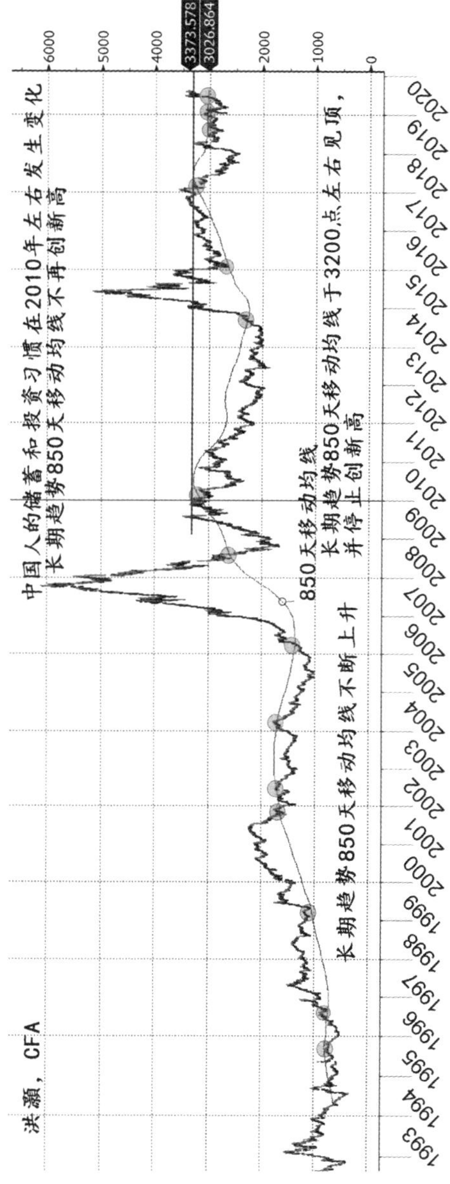

图 4.15 850 天移动均线是上证指数重要的支撑和阻力线

数据来源：彭博，作者计算。

然而，在图 4.16 中，我们将上证指数在历史上每个重要的支撑和阻力点之间，指数价格与移动均线的距离相加以求得面积，并以阴影区域表示。我们注意到，2010 年，也就是中国经济仍在 2008 年之后努力修复的一年，似乎是一个分水岭。在 2010 年之前，上证指数基本是上升的趋势，850 天移动均线以上区域的面积（黑色）大于以下区域的面积（灰色）。但在 2010 年之后，上下区域的面积基本上处于平衡状态。从那时起，移动均线已经停止创出新高，并且一直局限于一个交易区间。我们在第三章里讨论了 2010 年作为中国宏观经济运行的分水岭的意义。自 2018 年 1 月下旬下跌以来，指数区域的面积已经转负，上证指数因此承压。在 2020 年的第二季度，上证指数略位于 850 天移动均线的下方，市场处于一个重要的拐点。

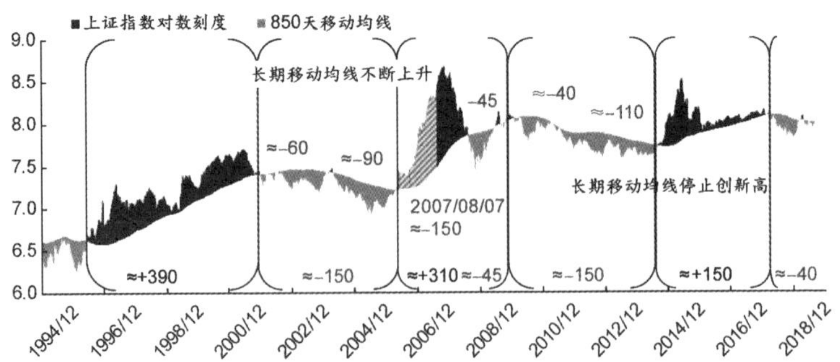

图 4.16 上证指数在 850 天移动均线上下的面积

数据来源：彭博，作者计算。

这里简要说明一下一个来自周期研究基金会（FSC）的研究。这个基金会的董事会成员包括托马斯·德马克。德马克凭借其专有的德马克指标来识别周期拐点，并开创了良好的纪录。这个基金会的研究使用了1789年以来的200年交易数据，证实了股票市场的周期为40.68个月。第二次世界大战结束后，以41.6个月为波长的周期更为突出，并且自那以来一直持续存在。这个约42个月的股市周期和我讨论的850天、42个月的股市周期基本一致，也被罗斯柴尔德于1912年，以及基钦于1923年分别独立确认。

预测中国市场的“潮汐”理论

你需要知道的一切就在你面前。

——杰西·利弗莫尔

在前文，我们讨论了2010年前后，中国人的储蓄和投资习惯发生了显著的变化。经常性账户盈余的积累在2009年后大幅放缓。这反映了宏观储蓄率的下降，以及中国吸引外国储蓄能力的转弱。由于储蓄理论上恒等于投资，所以固定资产投资增长同步放缓。同时，广义货币供应增长也出现下滑，这对应外汇占款的减少（见图4.17）。

中美经济曾密切互补：中国生产，美国消费。因此，美国经常性账户赤字是美国消费过剩的结果，也曾经是中国货币体系流动性的重要来源。由于美国家庭在2008年之后试图去杠杆，美国经常性账户赤字占GDP的比例实际上已大幅改善。中国经常性账户盈余占GDP的比例下降，部分其实是美国经常性账户赤字占GDP的比例改善的一个镜像。因此，中国的货币供应增速也在下降。

这是一个对于资产定价的重要观察。广义货币供应的增长过去对中国股市的表现至关重要。随着货币增长减速，2010年之前的长期上升趋势基本上已经停止，并被一个有局限的交易区间所取代。从一个分享不断增长的馅饼的时代，正式进入零和博弈的时代。

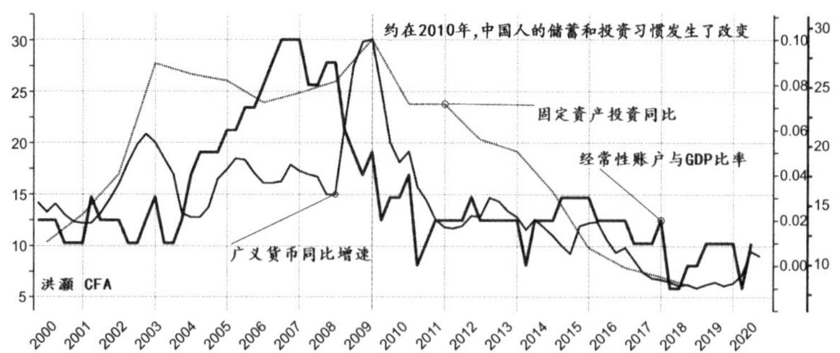

图4.17 自2010年以来，中国人的储蓄和投资习惯发生了显著变化

注：广义货币同比增速（左轴），经常性账户与GDP比率（右轴内），固定资产投资（右轴外）。

数据来源：彭博，作者计算。

在零和博弈的时代，850 天移动均线对市场预测的意义越发重要。在这样一个市场受到明确交易区间约束的时代，移动均线对市场指数运行的参考意义更为显著。当我们将指数现价和 850 天移动均线的偏差，以滚动 850 天的时长来计量总和时，可以看出这个滚动的总和也有着明确的顶部和底部范围，并且能精确定位上证指数的历史性底部（见图 4.18）。

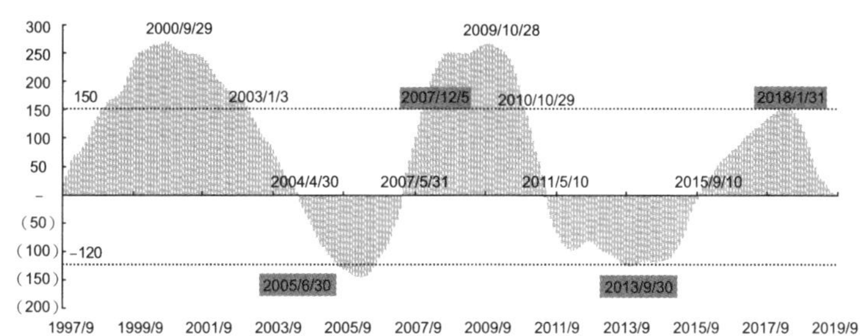

图 4.18 上证指数和 850 天移动均线偏差的 850 天滚动总和有明确的顶部、底部范围

数据来源：彭博，作者计算。

图 4.18 有一些值得注意的特性如下。

第一，累积区域面积在 250 左右达到峰值，而在 -150~-120 处达到谷底。我们在区域面积扩大时使用 150 为分割点（决策点），而在区域面积减少时使用 -120 作为分割点，以制定一个简单的单边做多策略交易规则。如果是这样，在过去的 20 多年里，我们只找到了两个建仓和两个出货的时间节点。但是，这几个建仓和出货的时间节点，每一个都对应于重要的市场拐点。2005 年 6 月—2007 年 12 月的第一次交易回报率约为 500%，这个交易几乎是完美的。2013 年 9 月—2018 年 1 月的第二次交易回报率约为 70%，但是这次交易没有躲过 2015 年的那一场泡沫。值得注意的是，850 天移动均线是一个慢速移动均线，并不适用于指导短线交易。图 4.18 标记的所有其他日期，都可以是潜在的离场时间节点。

第二，在 2010 年后零和博弈的时代，图 4.18 中的灰色区域在相似区域面积大小的正负之间交替持续了相当长的一段时间，反映了指数价格在 850 天移动均线上下震荡的现象。这个累积面积现在大约为零。也就是说，市场处于一个重要的拐点。

第三，这个计算过程其实是以先入先出的方法，用最新的指数偏差代替最老的，来计算指数现价和 850 天移动均线偏差的滚动总和的。由于最新数据时间上的临近性，2018 年 1 月以来的低于移动均线的负值，将随着时间的推移，在新的移动均线计算中，使权重逐渐增加（也就是影响增强）。如果中国经济及其市场不及时进行重要的结构性改革，850 天移动均线将继续作为一个重要阻力位。3200 点左右仍将是潜在趋势的重要峰值。但值得注意的是，即便是 2015 年的那一场 5000 点的泡沫，也没有让移动均线突破 3200 点这个重要的水平。以史为鉴，图 4.18 中累积灰色区域面积下一步的方向，向下的概率更大。

我们把图 4.18 表现的指数和 850 天移动均线之差累积面积之和，与一艘满载货物的船如何在水中漂浮进行类比。随着累积面积开始下降，就像较重的货物（当期较低的价格）被装上船以取代较轻的货物（之前较高的价格），指数因此将会降低，类似于船在水中逐渐下沉。当累积面积大小变为负值时，通过指数现价和移动均线之差计算的每个新面积，将必为负值，对应于较低的现价和下降的移动平均，就像一艘负重之后不断沉没至水平面下的船。反之，随着累积面积开始上升，就像较轻的货物（当前较高的价格）被装上船，以取代较重的货物（之前较低的价格），指数因此将会上升，类似船卸货之后在水中逐渐上浮。当累积面积大小变为正值时，通过指数现价和移动均线之差计算的每个新面积，将必为正值，对应于较高的现价和上升的移动平均，就像一艘逐渐冒出水平面的船。因此，我们将此预测方法称为“潮汐”市场预测理论（见图 4.19）。

图 4.19 “潮汐”市场预测理论，水平面代表偏差累积面积等于零

数据来源：作者计算。

如何预测美国市场

社会和经济现象里时长完全固定的周期是根本不存在的——无论是长波还是中波。后者的长度在7~11年之间波动。而长周期的波长在48~60年之间波动……我们以上论述的长波……是国际性的……同样的时间节点也适用于美国。然而，资本主义发展的势态，特别对于美国来说，其波动的时间节点或具有特殊性。

——康德拉季耶夫，《经济生活中的长波》

著名的艾略特波浪理论家罗伯特·普莱切特认为，康波周期的平均波长大约为54年，也就是5个10.5~11年的中周期，又或是15个短周期。在论证了上证指数的850天波动周期之后，我们想知道这个来自我们3.5年经济短周期理论的股市周期，是否也适用于美国市场——尤其是我们已知中美经济周期具有密切相关性。

我们发现，850天移动均线对美国市场的效果甚至更好——除了它的表现形式和中国市场略有不同。这一移动均线是标普指数的长期趋势线。与中国不同的是，20世纪70年代以来，标普指数大致沿着这一长期趋势线不断上行。而在中国，指数现价围绕着长期移动均线上下波动。

只有伴随着经济的严重衰退，才能使指数大幅低于移动均线。在过去的 50 多年中，只出现过 4 次这样的情况：1973—1975 年的经济衰退与石油危机；20 世纪 80 年代初的通胀失控，美联储货币政策历史最紧；2001 年互联网泡沫的破灭和“9·11”事件；2008 年的次贷危机。在所有其他时间段，标普指数跌至 850 天移动均线下，在移动均线获得支撑后反弹，并重拾升势。即使是 1987 年 10 月的“黑色星期一”，或 1990 年第一次海湾战争中的温和衰退，也无法打破这个长期的上升趋势（见图 4.20）。

我们注意到美国市场的长期上升趋势始于 1982 年的经济衰退之后，保罗·沃尔克大幅提高利率以制服通胀。沃尔克当时紧缩的货币政策选择非常不受欢迎，并遭到里根总统的激烈抗议。我们可以从那个时期的观察中推断出长期牛市的必要因素：扩张性的财政政策，劳动生产率提高和通胀下行，并有央行在必要时提供货币政策支持（见图 4.21）。

以周期理论来指导极端时期的交易

我们在上文论述了市场价格的运行如何反映经济周期的起伏。市场是经济的一面哈哈镜，往往夸大了实体经济里的波动性，但是市场还是会反映经济周期的镜像，尽管很可能是一个不完全真实的，并且扭曲的图像。我们的量化研究证明

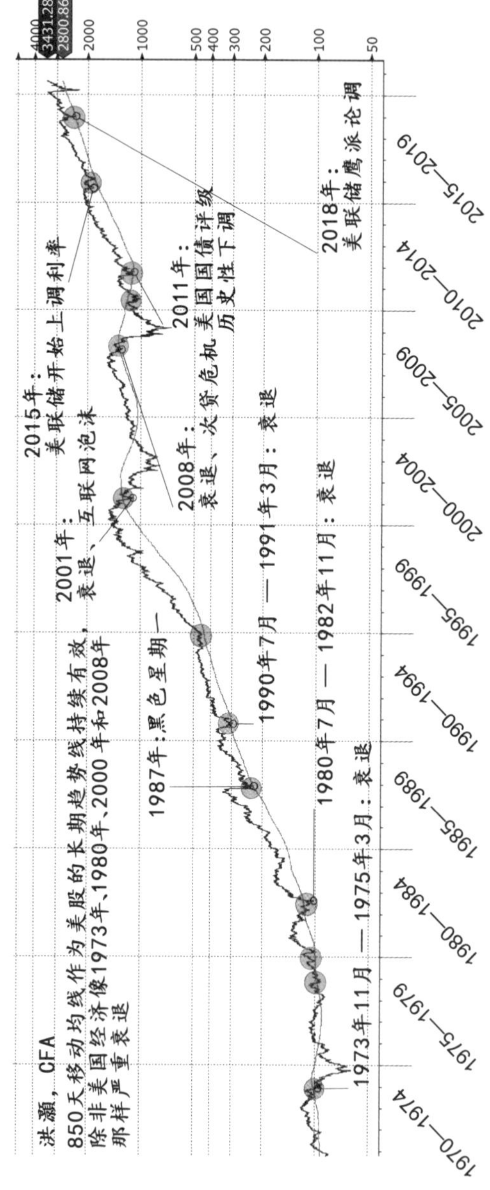

图 4.20 850 天移动均线是标普指数的长期上升趋势线，只有严重衰退才能显著击穿

数据来源：彭博，作者计算。

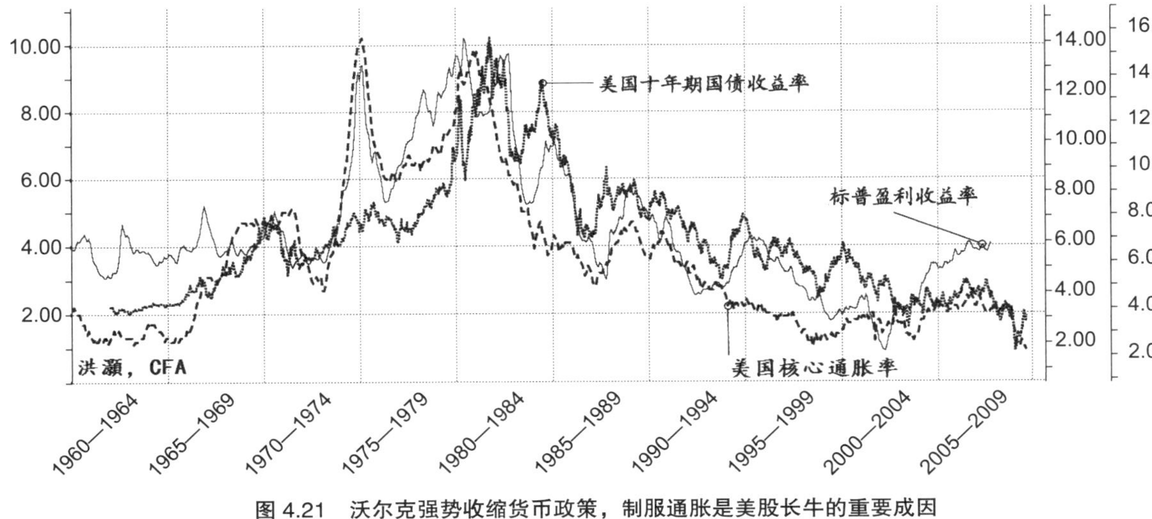

图 4.21 沃尔克强势收缩货币政策，制服通胀是美股长牛的重要成因

注：美国核心通胀率（左轴），标普盈利收益率（右轴内），美国十年期国债收益率（右轴外）。

数据来源：彭博，作者计算。

了，经济周期里的基钦库存周期持续时间约为 3.5 年，2~3 个基钦库存短周期共同镶嵌形成一个 7~11 年的朱格拉资本置换中周期。我们发现，这个 3.5 年的基钦库存短周期是持续时间更长的周期的一个基本组成单位。比如，10 个以上的 3.5 年基钦库存短周期形成了大家耳熟能详的康波周期。

在市场运行进入危机阶段时，比如 2000—2002 年，以及 2007 年 10 月底到 2009 年 3 月初的约 50% 的市场暴跌，我们可以用 850 天移动均线来寻求市场的支持位置。一般来说，只有在市场和经济发生严重危机的时候，市场指数的运行才会大幅跌破这个 850 天移动均线。请注意，我们的移动均线系统是从周期理论中反向推导出来的，而不是通过画技术图形得来的。这是我们的移动均线系统和其他技术分析不一样的地方，它是有坚实的周期理论作为基础的。迄今，在我阅读的与周期有关的书籍和论文里，大部分周期的理论只停留在对经济周期运行的历史回顾上，并在长期历史数据的基础上预测未来经济周期的运行。我发现鲜有周期理论对股票市场运行进行预测，或对资本配置提出建议。然而，预测市场和配置资产却是周期理论中最实际的运用，也可以体现在周期理论如何能够在现实交易中给出实际的交易策略上，而不仅仅停留在纸上谈兵的阶段。

我们在前文讨论了我的周期理论对于资产配置的意义。那么，在短期的市场交易中，我们是否可以再次把周期理论运用到交易策略上？我认为答案是肯定的，前提是需要市场处于因危机而产生的极端情况中。这是因为，3.5 年的基钦周期，也就是 850 天移动均线，本身就是一个长期的价格运行趋势。它往往只有在对长期的资产配置，也就是持仓时间长度大于等于 850 天的资产配置进行决策时，才能显示出它的有效性。

在周期运行到末期阶段的时候，往往会发生重大事件和剧烈的市场震荡。当市场处于危机诱发的极端情况时，许多平时需要时间才能够产生的价格波动，突然在很短的时间里发生。就像是进入了一个时空加速器，以前需要几年、几十年才能看到的事件，突然都压缩到了一个短期的时间段里发生。这就是 2020 年 3 月美股史诗级暴跌时产生的行情。当时，甚至连备受尊重的价值投资大师巴菲特也感叹，在他有生之年从没有见过如此密集的熔断行情。要知道，巴菲特已经 90 岁了，经历过美国市场里数十载的浮沉。

我们也可以换个角度来考虑这种一系列历史性事件被压缩到短期内发生的特殊情况。图 4.22 展示了标普指数和其 850 天移动均线的运行情况。可以看到，850 天移动均线是标普指数一条非常重要的长期趋势线。在市场暴跌的时候，如 2011 年的美国国债历史上首次评级下调，2016 年初中国股票市场泡沫破灭，以及 2018 年第四季度美联储货币政策的失误导致了美股迎来 1929 年大萧条以来最差的行情，可以看到指数下跌并触及 850 天移动均线的速度是非常快的，形成了一个个尖锐的，但底部沿着 850 天移动均线不断抬升的趋势。也就是说，当市场进入最后暴跌阶段时，周期理论却最能够提出交易指导。如果市场指数在 850 天移动均线上找到了支持，那么市场危机就不会进一步演化为经济危机，如 2001 年、2016 年和 2018 年；然而，如果市场指数大幅跌破这条移动均线，市场危机往往就伴随着经济危机，如 2008 年和 2020 年。

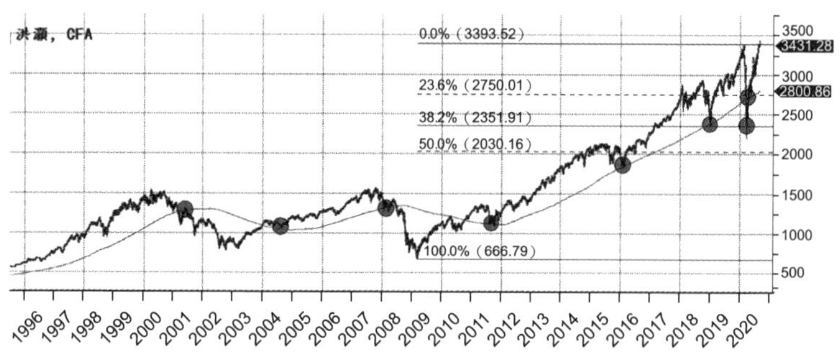

图 4.22　850 天移动均线和市场价格运行的隐含的斐波那契数列

数据来源：彭博，作者计算。

在技术分析里，计算市场价格回撤一般会使用黄金分割法。这个方法采用了斐波那契数列的一些重要的分支点来预测市场回撤的位置。这些重要的分支点为 0.0%、23.6%、38.2%、50.0%、61.8% 等。一般来说，黄金分割点 =38.2：61.8=23.6：38.2，23.6+38.2=61.8：1。我们在自然界里许多物体的天然比例中都发现过这个数字序列。虽然我暂时没有读到正式的理论解释为什么这个数列存在于市场价格的运行中，但是历史上，在市场价格运行时的上涨和回撤中往往可以检测到这个数列。在计算市场回撤的时候，交易员往往把一个周期里的最高点和最低点相减，并乘以这个序列里各个关键的分支点，得出市场价格回撤的大概位置。

在图 4.23 中，我们展示了标普指数的日线蜡烛图。可以看到，2350 点左右是标普指数的一个关键支持位。比如，在上一轮周期，2018 年 12 月 26 日的最低位就落在这个位置上。2350 的这个点位，正好是上一轮周期的 850 天移动均线的位置，也是 2018 年 12 月圣诞节标普指数触底找到支撑，并开始强势反弹的时刻。在本轮周期里，2020 年 3 月 23 日美国夜盘、3 月 24 日亚洲早盘的时候，标普指数也在 2350 点附近开始触底并强势反弹。值得注意的是，在本轮周期里，2350 点恰恰在标普指数 1750 天移动均线，也就是两个 3.5 年短周期形成的 7 年中周期得出的移动均线上。此外，我还发现 850 天、42 个月这些从我的周期理论中推演出来的股市周期运行的数据，在改变时间单位之后，仍然对各自对应的周期有效。比如，把 42 个月改为 42 周、42 天、42 分钟的时间单位之后，推导出来的移动均线对指导对应周期的交易仍然有显著的意义。比如，图 4.24 显示了道琼斯指数一年日线与其 42 天移动均线在 2020 年 3 月这次暴跌前后的对应位置。可以看出，42 天移动均线对于以日线级别操作的交易周期有着显著的指导意义。

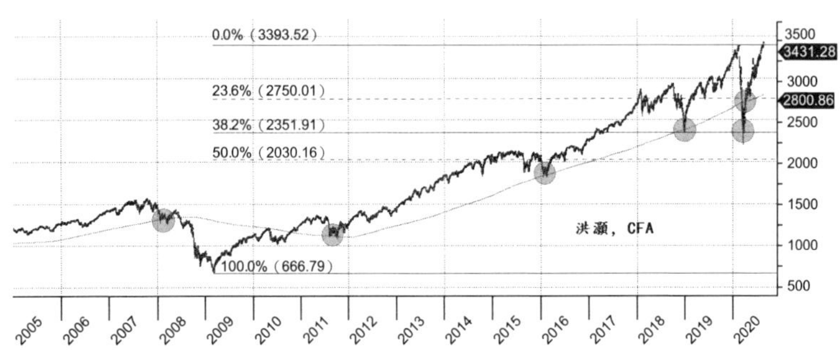

图 4.23　850 天移动均线和短期市场价格运行的斐波那契数列

数据来源：彭博，作者计算。

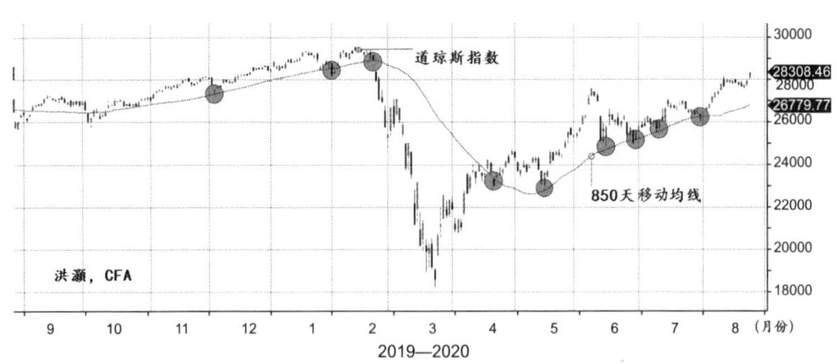

图 4.24　改变时间单位之后的日线对于道琼斯指数日线级别交易周期的指导意义

数据来源：彭博，作者计算。

结 论

既能判断正确，又可以拿住仓位的交易员并不常见。我觉得这是交易中最困难的事情之一……我的思考从来都没有为我赚到大钱，反而一直是我的以静制动在帮助我。明白了吗？是我拿得住（仓位）！

——杰西·利弗莫尔

行文至此，我已经论证了自己的经济中短周期理论如何可以应用于预测中国股市，以及如何在极端市场环境里指导交易。经济周期的波长和股市收益率周期是一致的。从这个经济短周期的波长得到的850天移动均线，恰好与各个主要股指的历史性拐点相吻合。因此，850天移动均线的确是市场的长期趋势。李嘉图从他的经济直觉中获得的对市场趋势的洞察，今天仍在继续发挥作用。

托马斯·马尔萨斯是与李嘉图同时代的经济学家之一，也是李嘉图的灵魂伴侣，他当年以另类的方式与李嘉图合作。他们通过一系列关于当时各种重要经济问题的公开辩论共同进行理论探讨。值得注意的是，在关于“玉米法”的辩论中，两位挚友在对立面进行的激烈的思想交锋，奠定了后来马尔萨斯关于经济租金原理的基础，以及李嘉图的比较优势原理。这两套理论都是现代宏观经济学的基石。

在与李嘉图进行经济“剩余产能”的辩论中，马尔萨斯认为总需求可能小于完全就业时的总产出。马尔萨斯后来在他的巨著《人口原理》中，进一步论述了关于非生产性消费阶层的存在，对于解决社会供应过剩的必要性。再后来，凯恩斯也认可，马尔萨斯的理论是就业不足条件下形成凯恩斯主义均衡点的前身。可惜无济于事，李嘉图“没有看到非生产性消费阶层存在的理由”。

随着中国人的储蓄习惯在2010年左右发生变化，李嘉图的上涨趋势在中国股市逐步演变为一个明确的交易区间，新的流动性来源是引发新的上涨趋势的必要条件。同时，中国自2015年以来一直在进行汇率改革，以及从2019年开始了LPR（贷款市场报价利率）改革。中国的改革开放已经开始深化和加速。这些都是里程碑式的改革，一旦完成，中国将重新掌握对其货币政策的主导权，逐步远离美联储的影响。在2020年5—6月，由于美联储为了应对新冠肺炎疫情开始了史无前例的宽松货币政策，全球的货币体系正在面临历史性的格局变化。不仅仅美国的广义货币供应增速达到了历史性高峰，并引领全球，中国自身的广义货币供应的增速，也重新回到了两位数的水平。这是近年来最快的货币供应增速。

我认为，工人工资的增长落后于劳动生产率的提高，一直在压抑社会总需求和通胀水平，直接造成了社会收入和财富的差距。顶层人口拥有财富，类似于马尔萨斯的“非生产性消费阶层”。而来自庞大社会底层的、被压抑的总需求，根本无法完全吸收与之人口比例类似的总产出。这个观点将在后文进一步论述。

展望未来，非生产性消费阶层的存在将继续为通胀和利率下降预留空间，一直到利率变成零为止。虽然还有很长的发展道路，但中国的货币政策独立性，因分配不均而导致的一批非生产性消费阶层，美联储无底线的宽松货币政策，以及随着中国资本市场进一步改革开放和全球指数权重的增加带来的外国资金流入等因素，将成为未来引发新的上升趋势的必要因素。目前，850 天移动均线仍然是上证指数运行的重要趋势线。毕竟，即便是 2015 年夏天那个 5000 点的泡沫，也没有让这条移动均线突破 3200 点。要形成一个新的趋势，上证指数的 850 天移动均线必须决定性地突破 3200 点——这也是迄今这条长期趋势线的历史高峰。中国的货币政策周期如图 4.25 所示。

2010 年是中国股市的分水岭。在 2010 年之前，850 天移动均线不断上升，显示投资者当时赚的是由于经济增长导致经济规模不断扩大的利润，在一个不断被做大的馅饼里分得更大的份额。然而，在 2010 年之后，这条移动均线已经停止创出新高，并且被局限在一个交易区间内。上证指数变成了一个零

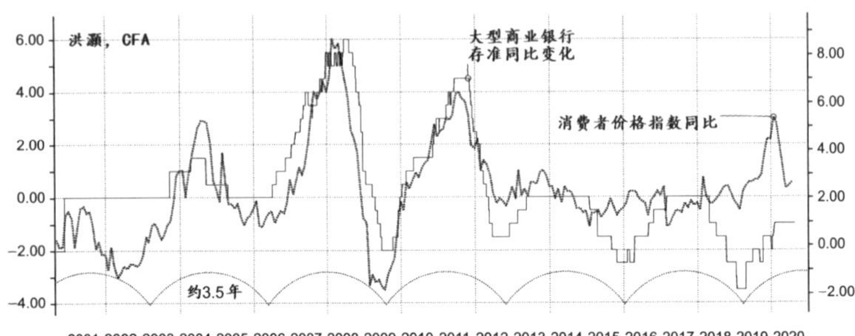

图 4.25　中国的货币政策周期

注：大型商业银行存准（左轴），消费者价格指数（右轴）。
数据来源：彭博，作者计算。

和博弈游戏。2010 年也是中国人的储蓄和投资习惯发生变化，以及经常账户占 GDP 比例下降和投资增长开始减速的一年。上证指数或许需要政策的改革和扶持，才能形成一个新的上升趋势。

康德拉季耶夫和基钦的研究也证明了，时长 42 个月，也就是 3.5 年的股市周期的存在。这个市场周期和我通过独立量化研究推导出来的市场周期的时间长度基本一致。虽然股市波动往往大于经济基本面的变化，但中国可以借鉴美国长期牛市的经验。新牛市的产生需要新的流动性来源。中国不断深化利率和汇率改革以掌握货币主权，全球货币量化宽松，全球指数纳入和外国资金流入，都是潜在的新增流动资金来源。长远来看，中国新的牛市可能正在酝酿。然而，在新的趋势出现之前，上证指数仍然是一个受制在交易区间内的零和博弈游戏。一如凯恩斯在《就业、利息和货币通论》里所述：

> 根据以往经验，无论是消息面还是市场氛围的改变，都足以影响市场大众的心理，因此，专业投资者被迫去预测即将发生的变化。这是投资市场被所谓“流动性”影响不可避免的结果。在传统金融理论中，没有什么是比崇拜流动性更反主流的，这是投资机构都热衷于把资源集中在具有“流动性”的证券上的原因。
>
> 从社会的角度来看，高明的投资目标应该是去击败那些制约我们未来发展的时间和无知的黑暗力量。但从私人的角度来看，所谓最高明的投资，却是“抢跑”，正如美国民众充分表现出来的那样，要智胜众人，还要把坏的、贬值的残破皇冠抛给接盘侠。

第五章

未来是否可以预测

我从来不考虑未来，因为它很快就会到来。

——爱因斯坦

通胀消失之谜

价格是一种记录机制。当民众以交易商品维持生计时，会用价格来衡量商品的成本。对经济学家来说，价格计量货币价值的变化，而价格还告诉了卡尔·马克思关于生产中价值的分配。历史已经囤积了大量的价格数据——汉谟拉比时期巴比伦的黏土片，以及法老时期莎草纸的残骸，都有对价格的记载。

在前文里，我讨论了央行的政策如何影响市场价格的形成，最终导致泡沫。由于央行的政策选择是可预测的，所以市场价格对于货币政策的反应也是可以预测的，尤其在市场处于严重危机，市场价格运行到极端的时候。其中一个关键点，也是和古典经济学的假设出发点相悖的地方，那就是实体经济里的充分就业是一个唯一的、贯穿始终的均衡点。即使在运行之中暂时出现供给不平衡的情况，市场价格的运行在完全竞争的市场机制下也可以通过价格的变化调整使供求关系重新归于平衡。显然，这是一个不切实际的假设。

在这个假设的基础上，古典经济学变成了一门在给定的条件里把有限资源分配最大化的社会科学。随之而来的边际思潮革命、边际效应递减等现代经济学里重要的概念，成为主导经济思考的逻辑。然而，试想一下，在一些领域里，经济资源并非有限的。在现实生活里,虽然边际效应递减的现象确实存在，但是在科技日益进步的今天，我们发现经济里的龙头效应越来越明显。比如，中国经济里的BAT（百度、阿里巴巴、腾讯）等科技互联网公司，以及美国经济里的脸书、苹果、亚马逊、网飞和谷歌等公司。它们市场规模的不断扩大和市场占有率的不断提高，似乎并没有伴随着边际效应递减。或者说，对于这些平台型公司来说，它们边际效应的有效前沿很高，在它们已经搭建起来的网络平台上增加新的产品和服务的边际成本非常低，然而边际收益却非常高。因此，即使从边际思维的角度来考虑，如果没有反垄断制度等的限制，这些公司目前远没有达到它们增长的极限。因此，如果我们换一个角度思考，那么古典经济学里许多墨守成规的、从有限资源出发的思维方式就会被打破。

在一个有效需求不足的世界里，供给相对于需求显然是过剩的。在这样的世界里，就没有必要太在乎资源的有限性了。从资源分配的角度来考虑，在之前的资源有限的世界里，我们需要通过市场价格信号来调整供求关系。然而，直观地看，有限资源的假设本身就意味着市场价格的不断上升。或者说，有限资源的出发点本身就假设了一个有潜在的趋势性通胀的世界。

我们可以观察一下古典经济学理论形成时的社会环境。马尔萨斯在法国大革命前后形成了他的理论，并出版了他的著作《人口原理》。当时，马尔萨斯观察到的是法国人口在 18 世纪时呈几何级数增长。这场爆发式的人口增长，使当时法国农民的收入长期停滞不前。同时，由于人口的增加导致耕地面积缓慢增长，所以耕地地租的上升速度远远超过了农民收入增长的速度，最终导致民不聊生和法国大革命的爆发。马尔萨斯的理论很简单：如果人口增长的速度远远快于资源供给增长的速度，那么社会底层人民得到的资源将越来越少，对于资源分配的话语权也将不断下降，导致阶级分化、通胀横行、价格失控，最终导致社会革命。这是在一个资源有限的环境里对社会发展的一种宿命论的世界观。然而，马尔萨斯没有考虑到由于工业革命带来的社会劳动生产率的快速提高，劳动生产率的发展作为一个生产过程中最重要的投入要素，有效地突破了土地、房屋等资源供给的有限性，推动人类社会不断进步。

即便如此，直至 19 世纪，这种从资源有限的前提条件出发，从逻辑上推导出来的宿命论的世界观，还是主导了经济学界的思维方式。当时，经济学界里最有影响力的两位经济学家——李嘉图和马克思，各自从不同的角度推导出了对资本主义社会发展的末日视觉。李嘉图的观点和马尔萨斯的观点类似，李嘉图认为土地供应的增长是有限的，而人口却同时快速增长，并提出了“资源稀缺原则”。因此，李嘉图认为人类社会无法逃脱其黑暗的宿命。1789 年法国大革命的爆发，使农民阶级和贵族、地主之间的矛盾斗争激化，并通过革命废除了之前许多固有的贵族特权。这场革命为李嘉图当时的社会末日视觉提供了很强的经验观察论据。

同时，马克思提出了他的“无限积累原则”。马克思观察到，从 19 世纪初期到 19 世纪中期，经济增长速度明显加快，然而劳动者的工资水平却基本上没有改变。工业利润、地租和房租在此期间都出现了快速上升，然而劳动者却没有参与到这个社会进步的过程。换句话说，虽然经济增长加快，工业发展进步，但对于劳动者来说却是毫无意义的。他们的生活水平仍然和工业进步前一样，他们每天仍在为生计奔波劳碌，没有享受到经济发展带来的丝毫好处。这些社会和经济的现实情况表明，当时的经济和政治制度其实已经明显破产了。因此，马克思预言，资本主义的末日最终必将到来，无论是因为资本回报边际的递减而导致资本家之间出现血腥的竞争，还是因为资本占据社会总收入的比例越来越大，最终导致阶级之间的斗争不可调和而爆发革命。当然,社会革命没有像马克思预言的那样,在资本主义发展的末期爆发,而是在俄罗斯和欧洲一些比较贫穷的国家率先爆发。但无论如何,这两个在当时最有影响力的经济学家的理论的出发点,都是资源的有限性。

在一个资源有限的世界里,央行货币政策的最主要的目的,是给整个经济的运行指定一个价格的锚,使社会里对于通胀的预期不会像脱缰野马、无锚之船那样不受控制。同时,在这样的经济里,由于劳动力资源是有限的,菲利普斯曲线对通胀和就业之间反向关系的描述大致是准确的:在劳动力资源有限的前提下,失业率越低,通胀越高。这是一个对从1929年大萧条,到20世纪80年代初期沃尔克走马上任美联储主席,美国经济60年历史的描述。

在沃尔克大幅收紧货币政策,以牺牲经济、忍受严重的经济衰退来制服通胀这条恶龙之后,供给和需求的关系发生了模式化的转换。由于社会通胀预期被重塑,开始长期趋势性地走低,人们的消费、储蓄、投资习惯都发生了根本的变化。随着通胀预期的长期走低甚至消失,人们“提前消费,活在当下”的心态也发生了明显的改变。价格稳定了,人们不再需要急急忙忙地把钱换成消费品,而是有更多选择的余地,把当期的消费转化为储蓄和投资,以得到在未来更高的消费能力。在这种新的环境里,社会的总产出相对于社会总需求(消费)来说是严重过剩的。因此，像李嘉图、马克思的经济理论形成时期的“资源有限”的假设不再完全适用。

在20世纪80年代初沃尔克伟大的货币政策实验成功之后，劳动者报酬上涨的预期被逐渐消退的通胀预期所锚定。同时，劳动生产率水平却在科技突飞猛进的背景里迅速提高。最终，劳动生产率提高的速度大幅地、持续地超过了劳动者报酬增加的速度。或者说，在沃尔克制服通胀之后，劳动生产率快速的提高并没有得到合意的补偿，因此产生的剩余价值逐步积累在雇主手里。随着这个剩余价值积累的过程不断深化，社会贫富悬殊的现象越发严重。

讨论到这里，有读者会有疑问：人类历史上的两次工业革命，促使劳动生产率突飞猛进，同时经济增长的速度加快，经济规模不断扩大，难道劳动者一点好处也没有得到吗？毕竟，人均GDP这样一个收入的代理指标，在过去的200年里快速增长，人们的生活水平也提高了许多。想象一下，过去连法国最富有的贵族都没有抽水马桶。为什么整个社会的储蓄率却在下降？

我们关心的是分配是否平等的问题，以及由于分配的不平等最终导致的一系列社会和经济现象。值得指出的是，储蓄率在不同的收入阶层有着不同的表现形式。收入越高，财富越多，储蓄率越高，而反之类推。这是因为富有阶层的收入和财富增长的速度远远高于他们消费增长的速度。然而，对于一个低收入家庭来说，可以想象的是，家庭成员的收入大部分都用于当期的养家糊口了。美国长期的收入分配的历史数据也很好地佐证了这一点（见图 5.1）。

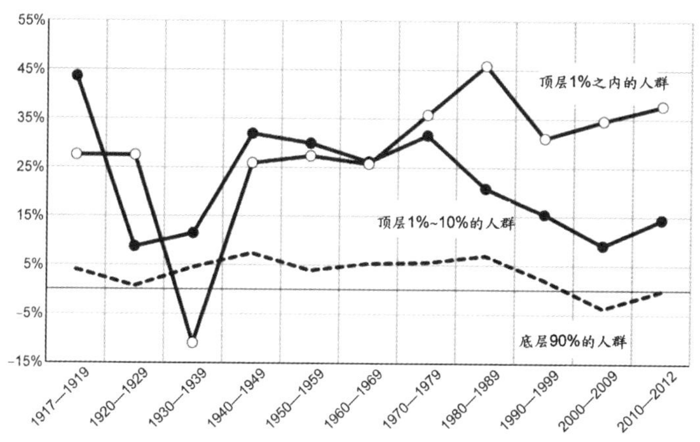

图 5.1 各个社会阶层的收入占比

数据来源：Saez 和 Sucman。

随着富有阶层收入和财富的不断积累，整个社会的贫富差距不断扩大。尽管社会里大部分人的消费习惯提前、消费水平提高，但储蓄率还是在下降，绝大部分的储蓄还是由富有阶层产生的。富有阶层占据了社会绝大部分的储蓄，最后逐步转化为财富积累。因此，我们实际观察到的社会现象是：随着社会不断进步，社会的消费水平在不断提高，但是由于分配制度的缺陷，劳动生产率提高的速度远远快于劳动者报酬增长的速度，产出相对于消费严重不足；同时，富有阶层的储蓄率越来越高，以及投资及产生财富增值效应，导致贫富差距不断加剧。在这样一个产出相对过剩、需求严重不足的经济里，表现出来的形式一定是市场价格不断下降，通胀消失，甚至通缩压力抬头。这就是在一个资源并非有限的世界里产生的，与古典经济学的逻辑推论不一样的社会的现实。在这样的世界里，我们分析经济现象的出发点应该从根本上改变。

贫富不均极端化

在过去的35年里，美国十年期国债收益率（以下简称十债收益率）一直处在一个长期下降通道中。十债收益率的上升往往侧面反应宏观流动性紧缩，反之亦然（见图5.2）。十债收益率的每一次飙升，都预示着全球某个市场即将发生危机。当危机发生的时候，全球的避险资金又都会回流到美国国债市场，大家会选择持有美国国债作为避险工具。同时，美元作为避险资产的定价货币，也因为避险资金对于美元的需求飙升而走强。境外资金回流美国进一步加深了美国以外的市场，尤其是新兴国家市场美元流动性的危机。这个资金在市场风险激化的时刻的国际流动过程，我在本书的第一章里已经详细讨论过。这也是美国作为全球唯一的避险资产提供者的特权。在长达30多年的十债收益率下行趋势线上，我们可以看到全球市场的历次危机：1987 年的“黑色星期五”；20 世纪 90 年代初的拉美债务危机，一些拉美国家至今还没能从中恢复；1997 年的亚洲金融危机；2000 年的互联网泡沫破灭；2008 年的次贷危机。宏观流动性的收缩通常是历史上导致全球市场危机的诱因，2020 年 3 月历史性的暴跌也不外如是。这是一个交易员眼中十债收益率的历史。

十债收益率曾在 2018 年第四季度触及当时历史的底部而反弹。如图 5.2 所示，我们可以看到 2018 年的底部与之前十债收益率在 2014 年和 2016 年触及的底部并反弹的位置基本一致。从交易技术分析的角度来看，2018 年的十债收益率的底部是“三重底”。一般来说，这样的底部支持位置是非常牢固的。毕竟，这个“三重底”出现在十债收益率 30 多年下行趋势的末期，同时，从趋势上看，这个“三重底”当时的确扭转了十债收益率长期下行的趋势。如今回过头来看，2020 年 3 月全球历史性暴跌之后十债收益率跌破了这个“三重底”，并不断创出历史新低，恰恰显示了这次暴跌的历史重要性和它的级别。这次市场的浩劫是第二次世界大战以来最严重的一次。2020 年 3 月之后，十债收益率的新低隐含的更多的是对于长期通缩的预期。同时，短端收益率下降的速度明显慢于长端，收益率曲线倒挂，也显示了市场对经济前景的担忧。

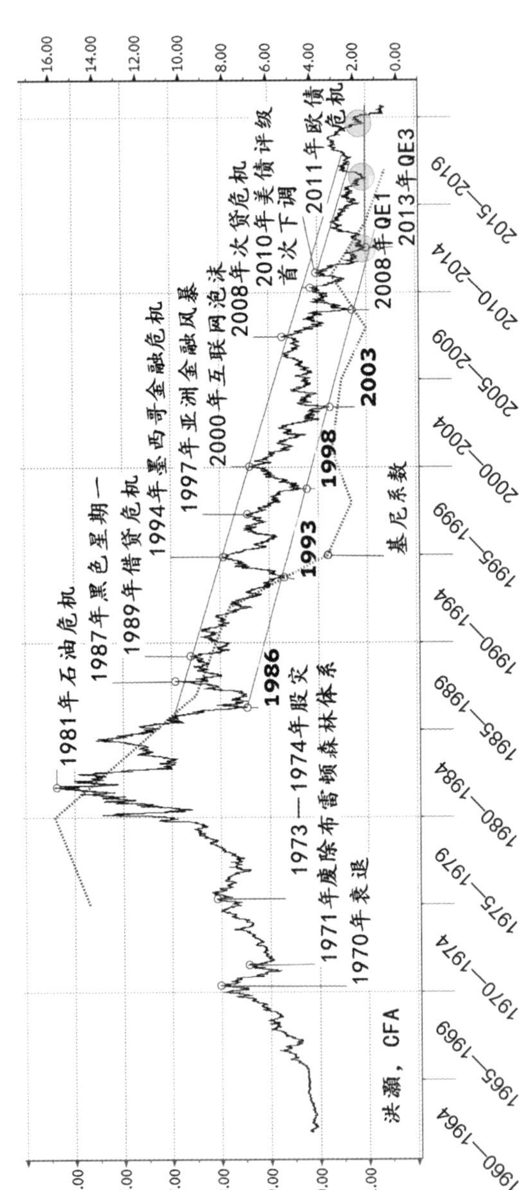

图5.2 美国十年期国债收益率记录着全球经济和市场的兴衰

注：基尼系数（左轴），美国十年期国债收益率（右轴）。

数据来源：彭博，作者计算。

然而，长端收益率长达 30 多年的下行趋势，记录的不仅是全球市场和经济的兴衰，也是市场交易员对于价格波动的看法。在一个经济学者的眼里，十债收益率 30 多年的下行趋势，还是劳动者剩余价值被剥削的历史。由于劳动者报酬的增长远低于劳动生产率提高的速度，通胀被压抑，并导致对通胀最敏感的国债长端收益率长期趋势性下行。简单地说，相对于他们的产出，劳动者的报酬实在是太低了。劳动者报酬的增长落后于劳动生产率的增长，这有效控制了价格水平。这个现象从 20 世纪 80 年代初至今，导致债券长期跑赢股票。由于大量的劳动者报酬的增速持续低于劳动者的产出，劳动者的剩余价值明显地积累在社会上少数人手里。这就是为什么 20 世纪 80 年代初以来，全球收入分配失衡的现象越来越严重，同时全球经济严重失衡。

在图 5.3 的债券长期收益率下行的趋势里再叠加另外一个变量之后，十债收益率的历史就会勾勒出了一幅不同的画面。在图 5.3 中，我还比较了劳动者报酬的增长和劳动生产率改善之间的差异，并得出以下两个观察结果：第一，劳动者报酬和劳动生产率之间的缺口，与十债收益率在有历史数据以来一直高度相关；第二，此缺口的变化与十债收益率的长期走势一致，一直到 2014 年之后开始背离十债收益率的长期下降趋势。其实，这个缺口就是通胀压力的阀门。一个不断收窄的缺口意味着劳动产出的增速大于投入，也就是说，劳动者的剩余价值被不断剥削并积累到雇主阶层。如图 5.3 所示，一个变窄的缺口意味着劳动者或工人阶层，并没有得到与其生产率改善相匹配的、合意的劳动补偿。简单地说，这个变窄的缺口记录了在过去 30 多年间劳动者的剩余价值被剥削的历史。资本家通过给劳动者支付过低的报酬，不断积累剥削得来的剩余价值，在劳动生产率改善促进经济增长的过程中获得了更多的利益。

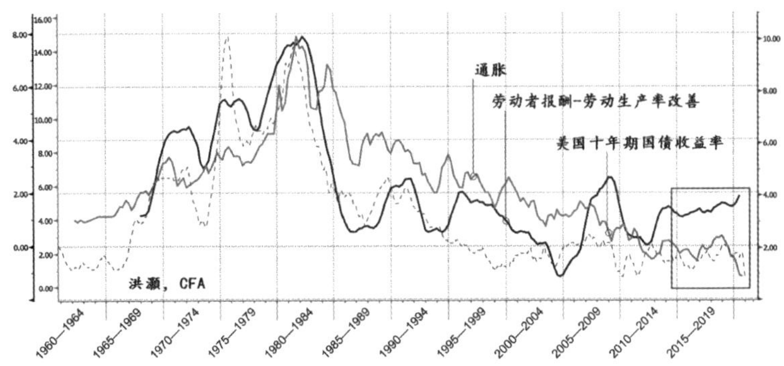

图 5.3 美国十年期国债也是剩余价值被剥削的历史，劳动生产率改善未得到合意补偿

注：劳动者报酬 – 劳动生产率改善（左轴外），美国十年期国债收益率（左轴内），通胀（右轴）。

数据来源：彭博，作者计算。

因此，从更深刻的角度来看，不断下降的十债收益率也反映了生产力和生产关系之间的长期错配。资本家和劳动者之间的经济收益分配不均，劳动者不能得到合意的报酬。由于分配不均而产生的社会贫富差距压抑了需求，使供给相对于需求总是过剩，通胀压力也因此一直被压抑。保罗·沃尔克极度紧缩的货币政策驯服了通胀这条恶龙，从那之后长期压抑了社会的通胀预期。同时，撒切尔及其铁腕政策粉碎了工会，削弱了工人进行劳动报酬谈判的筹码。到如今，贫富差距在全球不断扩大，收入分配不均的程度在一些国家已经达到了令人发指、不得不变革的地步。如上所述，劳动者报酬和劳动生产率之间的缺口从 2014 年左右就开始不断扩大，同时劳动者报酬和劳动生产率增长的缺口与十债收益率的运行方向，从那时候起也开始出现前所未有的背离。

从这个角度看，当下民粹主义的崛起就不会让人感觉意外了。根据法里德·扎卡利亚的定义，民粹主义“对于不同群体来说意义不一样，但所有民粹主义的愿景都对社会精英、主流政治和成熟的社会结构充满了怀疑和敌意”。民粹主义者认为自己“为被遗忘的普罗大众发声，是真正的爱国主义者”。由于长期得不到合意的劳动报酬，劳动者开始要求从经济增长中分得其应得的一杯羹。由此出发，“占领华尔街”运动、中国重新强调的实现全民社会福利政策、对默克尔移民政策的敌意和反对等一系列社会现象和政策，突然之间都有了一个清晰的背景。

与十债收益率一起长期下行的，还有美国的储蓄率。廉价劳工意味着工人阶级根本没有赚到足够的钱去储蓄，不得不每天为生计疲于奔命，往往过着手停口停的日子。社会里大部分劳动者的低储蓄率拉低了美国的全国平均储蓄率，并在克林顿在任时、中国加入世贸组织之后，不断下降，最终转为负数。储蓄本质上就是一种投机形式。就像在弗兰科·莫迪利安尼和米尔顿·弗里德曼跨期模型中假设的消费者一样，中国人放弃眼前的消费而努力存钱，是希望在未来可以更好、更多地消费。因此，今天对商品的需求以及商品现在的价格，一定是被人为地压抑了的。直观地说，中国人最终决定将其巨额储蓄转化为消费之时，就是通胀或者说是商品未来的价格必然结构性上涨之日。

由于美国人消费，中国人储蓄，国际资本流动也意味着美国可以吸引外国储蓄的流入，尤其是来自中国的储蓄，以补充美国国内储蓄的不足。因此，美国贸易逆差的扩大是美国储蓄率长期下降的镜像，同时伴随着中国储蓄率的激增。这些与美国进行贸易活动而获得的中国储蓄，随后被用于购买美国国债，压抑了十债收益率。从这种意义上看，美国为了进口中国商品而发行的国债，只是美国打给中国的一张欠条。现在，在中国消费主义抬头以及人口老龄化加剧后，中国的储蓄率已经开始下降。同时，由于美国劳动者开始为自己的贡献要求应得的报酬，美国储蓄率开始上升（见图 5.4）。

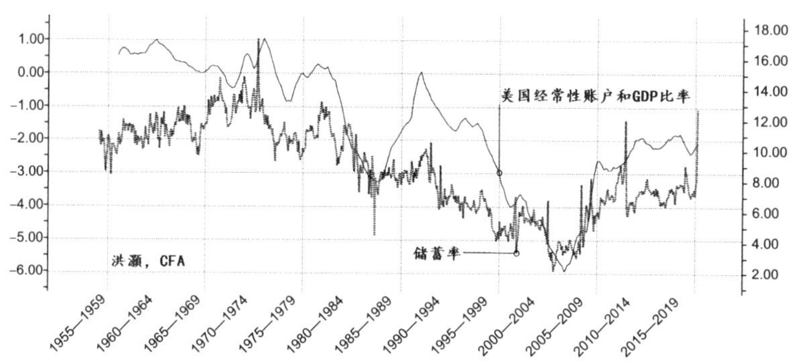

图 5.4 储蓄率是美国经常性账户变化的镜像

注：美国经常性账户和 GDP 比率（左轴），储蓄率（右轴）。
数据来源：彭博，作者计算。

劳动者是不可能不为自己所处的不公而发声的。随着社会贫富差距越发极端，劳动者抗争的意愿也将越发强烈。民粹主义的崛起体现着劳动者阶层对公平分配经济果实的集体诉求，2016 年特朗普的历史性胜出尤其突显了这个问题。其实到了 2016 年的美国大选，劳动者报酬和劳动生产率增速之差，与长端收益率运行的方向已经开始前所未有地背离。也就是说，虽然资本市场仍然根据价格运行的长期趋势推断通胀将持续被压抑，但是决定通胀压力的基本面因素已经发生了改变。这场社会财富果实分配的游戏总会有一个输家。随着劳动者报酬的增长开始持续超越劳动生产率的增长，通胀不可能永远被压抑。如果是这样，这个转折很可能会开始刺破过去几十年来的债券泡沫，尤其是当货币政策越来越乏力，而央行的资产负债表规模已经顶到了天花板，持续大规模买债的难度不断增大的时候。如果美联储一意孤行，继续发钞进行财政货币化，那么未来通胀的压力很可能会更大。从债券到股票的资产配置大轮动，将伴随着史诗级别的市场波动和风险溢出。届时，所有的风险资产都将在混乱中挣扎，而 2020 年 3 月的市场动荡只是对未来的惊鸿一瞥。随着通胀的回归，债券的收益率曲线最终将变陡，美元将走弱，黄金则将在市场的狂欢情绪消退后继续走强。随着一场新的价格革命时限迫近,在一切尘归尘、土归土之后，债券将逐渐跑输股票。

价格的革命

今天对于价格革命的讨论通常是指 15—17 世纪的波澜壮阔的通货膨胀时期，在那个时期，西欧的价格水平在 150 年间增长了 6 倍。然而，自中世纪以来，在 13 世纪、16 世纪、18 世纪和 20 世纪早期其实有过四次价格革命。它们都源于人口加速增长、生活水平提高，或两者同时发生而导致消费总需求过剩,有时还伴随着货币供应量的激增。在每一次价格革命中，拥有权力和资本的人都能得到巨额的收益，同时伴随着贫富差距扩大、政府赤字增加和金融市场波动。这些对历史的观察研究，让我们面对今天的现实有一种似曾相识的感觉。

如前所述，虽然劳动生产率提高了，但劳动者未能得到合意的补偿，是收入分配不均的原因。随着工人阶层的剩余价值被剥削，富人越来越富，贫富差距不断扩大。从过去超过 100 年的数据中，我们可以清楚地观察到，20 世纪 80 年代以来收入分配不均愈演愈烈。同时，劳动者报酬的增长渐渐落后于劳动生产率的改善。如此巨大的收入分配不均的现象也曾发生在 16 世纪的西班牙、17 世纪的荷兰、美国的镀金时代和咆哮的 20 世纪 20 年代。这些时代都交织着技术突破、金融创新、政府配合、移民涌入和占领海外富饶领地等带来的劳动生产率的巨大改善。在那个时代，那些富有并受过良好教育的人充分发掘了这些趋势。图 5.5 的左图中，以英美为代表的盎格鲁 – 撒克逊国家，与图 5.5 的右图中欧洲大陆国家和日本不同的历史经验对比，表明贫富差距至少有一部分是社会制度造成的。换句话说，不同的社会再分配制度可能减轻或加剧收入分配的失衡，并非别无选择。而工人阶层已经觉醒，并正在开始争取其应得的部分。

当然，贫富差距的另一个推手，是社会各个阶层财富积累的不同，这比收入分配的不均有着更明显的差异。如前文所述，富有阶层的储蓄率明显高于社会底层。因此，富有阶层可以把更多的收入转化为储蓄资本进行投资。而投资回报的指数增长效应，意味着财富的快速积累。同时，收入的增长往往与经济的增长呈正相关关系，但劳动者收入低于其劳动生产率的提高，意味着收入的增长速度往往是低于投资的增长速度的。然而，投资回报往往却快于经济的增速。比如，在美国，股票的长期投资回报是 8% 左右，但经济的增速在 2%~3%。这个投资回报大于经济增长的现象导致了财富的积累比收入的分配更加不均，进一步加剧了社会贫富不均的现象。

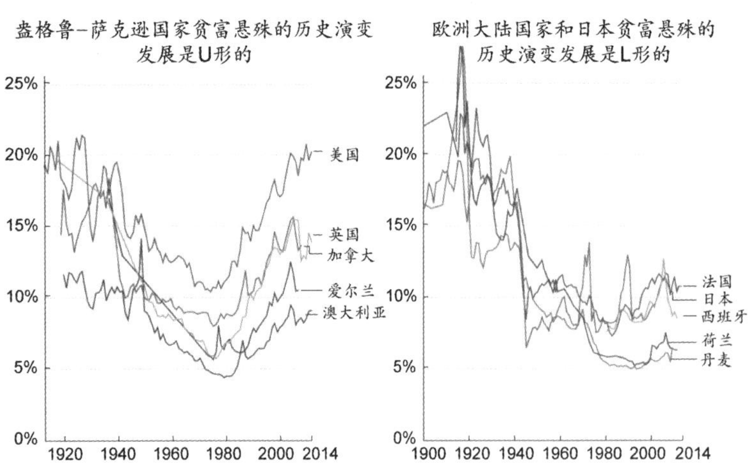

图 5.5 收入分配不均是社会制度的产物

数据来源：用数据看世界（Our World in Data）。

在过去的 30 多年里，债券大幅跑赢股票这种趋势何时反转，一直是萦绕在投资者心中的难题之一。生产率改善带来的在企业主和工人阶级之间的利益划分，长期处于不平等状态。然而，凌驾在此生产关系之上的，还有借资给企业主（也就是债务人、企业的权益所有者）的资本家（债权人、债券所有者）。企业主通过压制报酬的增长来更多地获取劳动生产率改善带来的利益。直观地说，在这个分为三层的生产关系中，债权人必然比债务人获得了更大的利益。否则，债权人何不建立自己的企业以获得更多的利润呢？简言之，由债权人所得到的债券回报应该优于由债务人所获得的权益回报，债券也因此长期跑赢了股票。然而，工人阶级对与其产出的增长相对应的合意的报酬的诉求已经被唤醒。之前因为这种债权人－债务人－劳动者之间的生产关系而产生的债券长期跑赢股票的局面，最终必将面临反转。

当劳动者报酬增长加速，并开始赶超劳动生产率改善的速度时，通胀压力自然应该上升。当下，常规的通胀衡量指标，比如美国核心 CPI 和个人消费支出价格指数，却为人们描述出一幅通缩的画面。然而，经历了 2020 年 3 月全球央行史无前例地联手印钞救市之后，世界大型企业联合会的消费者通胀预期已经开始空前飙升。同时，美国的输入型通胀也出现了 8 年多以来最大的单月涨幅。而对于通胀压力非常敏感的黄金开始迈向历史新高（见图 5.6）。

在金本位被废除后，储蓄已失去了抵御通胀的避风港。特朗普提倡的财政赤字开支，以格林斯潘的原话来说，就是“隐形的财富抢劫”。而谎报实际通胀压力，其实就是隐形贬值，是将私人财富充公的最有效的方法之一。事实上，各国政府一

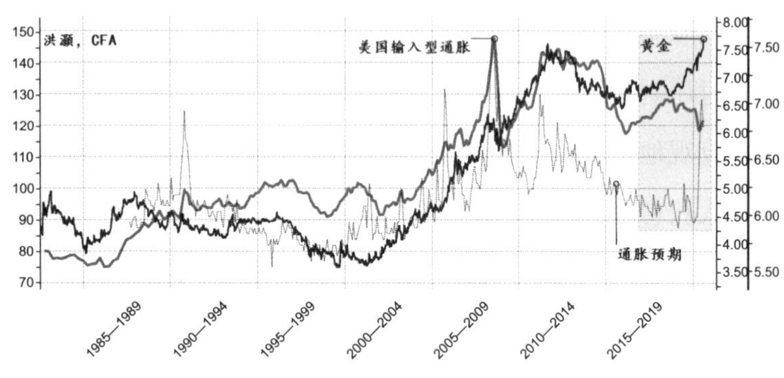

图 5.6 通胀预期开始快速升温

注：美国输入型通胀（左轴），黄金（右轴内），通胀预期（右轴外）。
数据来源：彭博，作者计算。

直都在调整它们官方的 CPI 计算方式，以编织出一个低通胀的假象。例如在里根时期，租金支出取代了 1982 年一篮子商品中的买房支出，以便计算出更低的通胀和更高的经济增长。后来又推出了不同质量调整法（hedonic adjustment）。而在 2011 年早期，中国国家统计局减少了食品在 CPI 计算中的权重。巧合的是，食物通胀，尤其是猪肉价格，占据了 2011 年 6 月 CPI 增长的 70%。若没有前期的调整，中国的 CPI 可能远远高于当时公布的 6.4%。

持续攀升的通胀意味着全球债券配置模式的转换。通胀越来越接近我们目前所处周期的拐点，结构性通胀很可能将发生。中国的巨额储蓄本身就将是未来长期通胀的重要推手之一。尽管如此,历史上所有价格革命都引发了人类社会的变革，随后迎来了盛世浮华，比如说，中世纪文明、文艺复兴、启蒙运动及维多利亚时代。随着这种资产轮动的进行，史诗级的市场波动也将发生。2020 年 3 月以来，VIX 恐慌指数飙升，并在市场 3 月底触底反弹之后仍然居高不下，这很可能就是未来伟大的资产轮动的征兆。

历经多年 QE 后，各国央行刚刚开始松一口气，美联储的鲍威尔甚至在 2018 年美国市场暴跌之前夸下海口说让美联储货币政策的收缩进入一个“自动驾驶模式”，但全球市场却又陷入了 2020 年 3 月的大崩盘。全球央行的资产负债表不得不重新开始扩张。在长达 7 年的 QE 结束之后，美联储再次被迫进入扩表周期；欧洲央行资产负债表的规模，已远远超越其在 2012 年初次展开担保债权购买计划时创下的高点纪录；日本央行量化宽松政策已经进行十几年，定性和定量宽松（QQE）已经进行 3 年，以及之后实行了“定性和定量宽松 + 收益率曲线调控”，越发显得黔驴技穷。到了 2018 年，日本国债的 70% 已被日本央行拥有。中国人民银行的资产负债表规模曾一度领先于全球主要央行，应该也将进一步上升。这些极端的货币政策在通胀没有抬头之前，都在苟延残喘地压制着长端利率。

结　论

这是本书的最后一章,也是最短的一章。在前面的章节里，我讨论了央行的货币政策的思路及其对全球资产价格长期走势的影响。在这一章里，主要讨论的是央行货币政策思路发生的历史性转变，特别是沃尔克伟大的货币政策实验以来，从凯恩斯的财政扩张主义到新古典经济学派自由思潮的演变。通过讨论这些经济学理论发展的历史及因此产生的货币政策选择，来观察这些政策导致的社会极端贫富悬殊的现象，通胀消失对于货币政策的反身性效应，以及对未来资产价格走势的影响。

库兹涅茨是研究社会贫富悬殊现象的先驱之一。我在前文讨论过的库兹涅茨周期，就是以这位经济学家的名字命名的。库兹涅茨研究社会贫富悬殊的现象也是从中长周期着手的。通过细致的社会收入、财富数据收集工作，库兹涅茨发现，从1945—1975年，全球经济在第二次世界大战的废墟上凤凰涅槃，经历了一个快速增长的阶段；同时，社会的贫富差距也大幅缩小了。或许是因为当时收集完整数据的条件有限，库兹涅茨在他收集的数据里，并没有发现可以解释贫富差距缩小的有效内容。他能够观察到的，只是经济的进步同时伴随着贫富差距的缩小。因此，在耐心地收集了30年的数据之后，库兹涅茨宣称，贫富差距的缩小是经济进步的必然产物。只要社会进步了，经济发展了，贫富差距“自然就会消失”。库兹涅茨著名的论断就是：“经济增长将会水涨船高，逐步地淹没社会里所有的贫富不均。”

然而，李嘉图、马克思这两位把自己的经济理论建立在有限资源假设基础上的经济学家，如果看到库兹涅茨的这个论断，肯定会表示无法认同。毕竟，在经历了两次工业革命、经济飞速发展之后，欧洲社会的贫富悬殊现象并没有被消灭，反而随着经济增长快速加剧了。到了 20 世纪 80 年代沃尔克实施伟大的货币政策实验之后，社会的贫富差距又一次加剧了，重新回到了 1929 年大萧条时期的高点。很显然，库兹涅茨的数据里似乎缺少了一些关键因素。

我认为，沃尔克通过极度收紧货币政策，以经济大规模衰退为代价制服通胀，并长期趋势性地压抑了社会的通胀预期，产生了三个社会后果。

第一，由于通胀预期在沃尔克的货币政策实验之后发生了逆转，并被长期压抑，雇主有更好的理由来压榨劳动者，阻碍劳动报酬的增长。同时，在科技突飞猛进的背景下，劳动生产率，也就是劳动产出的增长（g）持续快速地提高，并快于劳动者报酬的增长（w）。在 g>w 的条件下，社会的供给持续大于需求，这样的社会一定是过剩的社会，因此而持续的压抑通胀趋势性走低。同时，由于 g>w，劳动者不能得到合意的报酬，这部分剩余价值则日益集中在社会上少数人的手里，加剧了社会贫富差距扩大的现象。虽然劳动者的生活水平也随着经济的发展有所提高，但是我们更关心的是社会分配是否公平，以及由此导致的社会问题，比如民粹主义的盛行。由于通胀压力和通胀预期被长期压抑，导致债券长期地、历史性地跑赢了股票。为经济发展提供融资的债券所有人，战胜了承担经济发展风险的企业家，而企业家则不断地从其雇用的劳动者手里获取剩余价值。

第二，储蓄发生在富有阶层，社会底层疲于奔命，过着手停口停的生活，储蓄根本无法发生。这个现象导致美国的储蓄率下降，并与中国这样的储蓄国产生资本账户和经常性账户的互补：美国人消费，中国人储蓄，形成一个国际美元流通的循环。同时，由于资本的投资回报（r）远远高于经济，也就是社会产出的增速（g），在 r>g 的条件下，富有阶层通过剥削剩余价值而形成的储蓄资本通过投资进一步快速积累，更加剧了社会财富的集中化和贫富悬殊。库兹涅茨或许是法国大革命以来最早通过认真收集经济数据来论证自己的经济理论的经济学家。然而，他的数据是从第二次世界大战之后开始收集的，并没有包括第二次世界大战对欧洲富有阶层财富的毁灭性打击。战争的残酷，在于它对每一个生命个体几乎都是公平的。通过这个公平的毁灭过程，使得社会财富重新回到了比较平均的水平上。这是库兹涅茨的数据没有为他揭示之处。从平均财富的有效性来看，没有什么是比战争更快速、更有效的手段了。一场战争之后，不管战前贫富差距如何，战后所有人都一贫如洗。这就是经历了两次世界大战之后，欧洲贫富差距问题有所缓和的原因之一。

第三，马克思曾经说过，经济基础决定上层建筑。在富有阶层掌握了绝大部分的社会财富之后，他们会通过政治捐款等手段巩固自身在国家政治中的影响力，影响国家制度，包括社会分配制度的执行，从而进一步固化和加深整个社会贫富悬殊的结构。然后，贫富悬殊导致的有效需求的不足继续加剧社会过剩的现象，因此也将进一步压抑通胀，为央行实施宽松的货币政策提供经济条件，最终使资产价格泡沫化。由于富有阶层拥有社会上部分的有价证券，所以在这个过程中也最受益。

简单地说，在过去30多年中出现的债券长期趋势性地跑赢股票，并同时伴随着社会贫富差距加剧的现象，可以看作为经济发展提供资本的债权人跑赢了承担经济发展风险的企业家，而企业家作为雇主剥削了劳动者的剩余价值。用字母简单地表达，社会各阶层获利的次序就是r>g>w，即债权人 > 企业家 > 劳动者。在新冠肺炎疫情之后，经济的增长潜力g已经大幅下降，零利率及宽松的货币政策基本上保证了r，而劳动者报酬出现了一些可喜的变化，但却并没有真正地改变，那么我用简单的字母描述的这个社会结构——r>g>w，似乎一时之间很难发生根本的变化。这个不等式描述的经济结构内不同的回报关系，也可以解释为什么当下市场如此火爆，但是实体经济却在大萧条之后最深的一次衰退之中挣扎不前。因为投资金融市场的回报远远高于投资实体经济的回报。

我的数据收集似乎验证了上文的观察结果。在沃尔克之后，劳动生产率提高和劳动者报酬增长之间的差距在不断扩大，同时伴随着通胀长期趋势性走低，长端收益率在过去30年里不断下降，以及衡量社会贫富不均的基尼指数不断恶化。这个过程在没有外力干扰的情况下，似乎可以无限循环下去。当下甚嚣尘上的现代货币理论企图论证负利率存在的可能性，就可以看作这个压抑通胀的无限循环最好的例子。然而，对于这个困境，马克思在100多年前似乎就给出了答案。要么是资本过于集中，最终导致资本的投资回报由于边际效应递减而崩溃。这样的崩溃将引发资本家之间血腥的竞争，最终带来现有制度的末日。又或者，由于财富过度集中导致社会阶层之间的矛盾激化，最终底层人民通过激烈的社会运动重新夺回自己应有的权利，得到与自己的劳动产出相对应的合意的报酬——类似于1789年的法国大革命。然而，根据马克思的假设，无论最终实现哪一个情景，都是资本主义社会的末日。因此，虽然贫富不均将不断产生社会的盈余，从而压抑通胀，但是贫富不均造成的社会割裂并不是一个可以长期持续的、稳定的社会结构。在人们发明现代货币理论来麻痹自己，继续鼓吹资产价格泡沫的时候，我们必须要思考一下长期贫富不均最终将带来的社会反噬效应。

尽管自由主义思潮极力地想把解决社会问题的重担留给他们假设的完全有效的市场，但是在决定货币政策的时候，应该对其导致的社会效应有所重视。尤其是几十年以来宽松的货币政策，以及现在史无前例的量化宽松导致的贫富悬殊的社会矛盾开始激化。很难想象，一个出现各种失效迹象的、被假设为完美的市场可以为我们解决社会矛盾。如果可以，社会中的贫富悬殊就不会如今天这样极端化了。凯恩斯曾经说："真正有效的投资在于它的社会效应，在于战胜被未知笼罩着的时代的黑暗。"

当然，凯恩斯思想里的这种社会主义倾向被许多西方经济学家巧妙地回避了。毕竟沃尔克用了倡导理性预期和有效市场的新古典经济学的理论战胜了通胀，并为 20 世纪 80 年代以来央行的货币政策思路、自由主义的思潮奠定了坚实的理论基础。然而，在利率行将变负的经济里，货币主义似乎再次走到了尽头。凯恩斯是一个非常成功的投资家，他完全可以通过自己的投资赚得的回报，在剑桥逍遥地研究一下哲学，在布鲁姆斯伯里团体里与弗吉尼亚·伍尔芙等著名的文学家、艺术家谈天论地、把酒言欢。然而，凯恩斯敏锐的观察让他觉察到，这种小资腔调的生活方式，在当时社会贫富悬殊、阶层割裂的环境里是不会长久的。这很可能也是他发动凯恩斯革命的出发点。可惜的是，为了证明他思维的优越性，他把自己的理论用各种数学微积分方程式紧紧地包裹了起来，像是穿上了一副刀枪不入的盔甲，变得晦涩难懂，让很多人看不懂也不得不讳莫如深。这个先例，让经济学的后来者顶礼膜拜，开创了把经济学当作精密工程学的先例。到后来，很多经济学者忽略了实际数据的收集，醉心于通过更优雅、更复杂的数学公式来表现自己。其实，很多学经济的人根本没有读过《就业、利息和货币通论》，或者读到一半就放下了，又或者是读过但并没有真正读懂。总之，90 年前凯恩斯发起的革命被掩埋在难懂的数学方程式里，最终被新古典经济学所代替。这场逐渐被遗忘了的革命，却一直在资本市场价格运行里默默地发挥着它的光热。到如今，它大有卷土重来之势。

结　语

周期的轮回

在给本书取名的时候，我纠结了很久。预测的艺术，在于它自身就是一个模糊而不断完善的过程。这个过程就像是周期的运行，既没有开始，也没有结束。为这样的一本书起名，犹如要用几个字总结经济学几百年历史的积累，还要准确地展望未来一样。本书试图把宏观经济学、金融学理论运用到市场预测上。然而，这些理论本身也在不断进化，中央银行对于货币政策的管理也在与时俱进。

2020 年 3 月在全球市场历史性的暴跌之前，美联储历史上最有名的主席——保罗·沃尔克辞世了。这似乎是命运跟市场开的一个玩笑。众所周知，沃尔克是美联储现代历史上最鹰派的主席。为了制服通胀，他不惜把美联储的基准利率上调到接近 20%，并因为随之而来的严重的经济衰退直接导致任命他为美联储主席的卡特总统连任失败。卡特总统落选之后无奈地感叹道："我们都低估了沃尔克给美国政治带来的影响。"其实，沃尔克当时的货币政策实验，给美国的政治、美国货币政策的选择，以及美国乃至全球的经济、市场，都带来了非常深远的影响。沃尔克对于美国经济里通胀预期的调控，直接改写了从那之后美联储货币政策的逻辑和思路。这场伟大的实验及其最终的胜利，终于宣布货币主义一统江湖，以及大萧条之后盛极一时的凯恩斯主义的退居幕后。从那以后，即使美联储货币政策的逻辑出现这样或那样的小修小补，它的核心仍然离不开货币政策对于通胀预期和就业的影响。

其实，更重要的是沃尔克对于他身后长期通胀预期的影响。在沃尔克上台之前，美国希望通过限价政策，如工资涨幅的限制，以及政府的积极财政政策去干预经济运行。然而，这些凯恩斯主义为调控经济周期所开的药方，似乎让美国经济的通胀预期完全失控。美国通胀在沃尔克上任之前多年高速增长，凯恩斯主义的财政紧缩政策和限价政策并没有奏效。当时的政策思路过度强调菲利普斯曲线的运行，试图用高通胀来换得低失业率，保证就业。然而，20 世纪 70 年代的石油危机不仅让通胀预期高企，失业率也没有下降，最终形成了一个滞胀的局面。菲利普斯曲线完全失效了。这时，以弗里德曼为首的新古典货币学派开始了对凯恩斯主义的攻击。谁让当时凯恩斯主义对美国经济的乱象束手无策呢！弗里德曼的货币学派认为，由于政府对经济的运行过度干预，所以市场在资源分配定价时无法发挥作用，经济的运行日益僵化。因此，新古典货币主义提出应该让市场充分发挥作用，重塑经济对增长和通胀的预期。

在沃尔克上任美联储主席之前，他就知道必须要牺牲美国的经济，并忍受一次异常严重的经济衰退，才能制服通胀这条恶龙。当然，他上任前肯定没有和卡特商量过如此极端的选择。然而，他天生勤俭的个性，让这种逼着全体美国人勒紧裤腰带过日子的政策，在他的手里运行得无比顺畅。沃尔克对于通胀的认识，来自他在普林斯顿求学时期向他母亲要生活费的经历。当时，沃尔克觉得母亲给他的生活费，和多年前给姐姐的生活费数目一样——每个月 25 美元——是非常不公平的，因为母亲没有考虑到通胀的效应。为了从母亲那里拿到更多的生活费，他甚至还鼓动姐姐给母亲写信，让姐姐婉言相劝母亲给自己增加生活费用。然而，沃尔克的母亲却无动于衷地说道：“这没有什么不公平的，姐姐拿了 25 美元，你也一样拿 25 美元。”这个经历，在沃尔克心里留下了深刻的烙印，以至他在成功后被采访的时候，还半开玩笑地提及当年的待遇。如何让 25 美元在多年之后还可以大致买到当年 25 美元的东西？沃尔克想，只能是让通胀永远消失了。

然而，沃尔克的大幅紧缩货币政策实在是太奏效了。在基准利率被上调到很高的两位数的时候，美国经济陷入了严重衰退。经济里对于利率非常敏感的行业，比如说房地产业和建筑业，遭受了严重的打击。当时的情况太过于落魄绝望，建筑商、工人、农民在沃尔克办公室外日夜示威游行，甚至用卡车把因为停工而用不完的建筑木板拉到沃尔克的办公室门口，堆积在大门前，企图阻止沃尔克上下班。直到今天，伯南克的书架上，还珍藏着当年的一块建筑板料。伯南克说：“这就是象征美联储货币政策独立最好的图腾。”

到了 1983 年，通胀压力开始收敛的迹象逐步明显，美国经济也走出了严重的衰退。市场和政界对于沃尔克的货币政策逐步给予肯定。沃尔克伟大的货币政策革命开始奏效了。当然，每一个选择都会有不可避免的代价。而当年这种极端的货币政策对于后来几十年通胀预期和消费习惯的影响，直到如今沃尔克去世之后，世人才逐渐反应过来。随着通胀预期的不断走低，资本家有了更好的理由压榨劳动者的报酬，从而使劳动生产率增长的速度快于劳动者报酬增长的速度，并不断地强化这个趋势。简单地说，劳动者报酬增长的速度低于劳动生产率的增长，是一种对劳动者剩余价值的剥削。这个不断加剧的过程，直接导致了整个社会的贫富差距扩大，并且压抑了社会整体的有效需求。毕竟，劳动者的劳动没有得到充分的补偿，因此也无法消费因为他们的劳动生产率提高而快速增加的社会产出。这样的经济一定是过剩的经济，随着时间的推移，有效需求的不足会不断地压抑通胀的势头。

当然，不断走低的通胀，也为美联储在沃尔克之后实施宽松货币政策的倾向提供了扎实的理论基础和现实条件。同时，沃尔克伟大实验的胜利，代表着新古典货币主义学派在某一个特定的时期中理论上的优越性，代表着理性预期和有效市场假说在经济政策的决策上一统江湖。沃尔克在任时期是全球央行后来极度宽松的货币政策诞生的伟大时刻，是一个时代的起点。然而，在 2019 年 12 月沃尔克逝世后不久，全球经济在新冠肺炎疫情的肆虐下，跌入了自大萧条以来最严重的经济衰退。现任美联储主席鲍威尔不得不联手全球央行，把宽松的货币政策运行到极致。如果说沃尔克是货币主义占领央行的先行者，那么鲍威尔或许就是货币主义在央行的终结者。如果说沃尔克领导的美联储代表着央行最紧缩的一极，那么鲍威尔的美联储则代表着最宽松的一极。最紧缩的沃尔克的辞世，也恰恰发生在全球央行最宽松的时刻。这似乎是一个预示：随着沃尔克开启的紧缩货币政策实验的结束，宽松货币政策摇摆到了另一个极端，并渐显疲态。90 年前，凯恩斯引发了第一次宏观经济思想的革命。现在，或许我们已经身处第二次宏观革命之中了。

关于作者

洪灏，CFA（特许金融分析师），在纽约、悉尼、墨尔本、伦敦、北京、香港等全球市场金融中心从事市场研究 20 多年。历任摩根士丹利消费行业分析师，花旗集团全球策略师，中国国际金融股份有限公司执行总经理、全球策略师，交银国际董事总经理、研究部主管，清华五道口紫荆商学院特聘教授，跨境金融 50 人论坛奠基成员，中国首席经济学家论坛理事。2001 年获得 CFA 证书，2016 年担任 CFA 行业协会品牌和形象代言人。

2017 年，洪灏被《亚洲货币》杂志评为香港（地区）策略师第一名和经济学家第一名等多个在市场策略和宏观经济研究领域前三名的奖项。2017 年洪灏第一次正式参加《亚洲货币》的评选，个人和团队便破纪录地一共荣获了 12 个奖项。在之后的《亚洲货币》评选投票中，他个人持续获得了超过 80% 的投资者在市场策略研究领域里的投票。由于《亚洲货币》在 2018 年之后改变了投票计票权重，洪灏宣布退出这个评选。

洪灝曾被彭博誉为“中国最精准策略师”。他曾准确地预测了2013年6月“钱荒”中国市场历史性的暴跌和反转，2014年年中至2016年年中中国股市5000点泡沫的始末。在2020年3月全球市场史无前例的暴跌之前的四天，洪灝预警了这次市场危机的到来，并在3月24日提示历史性的市场反弹即将展开。这些预测都曾精确到历史性事件发生的当天。这些预测都在洪灝实名认证的微博和微信公众号“洪灝的中国市场策略”上公开展示。同时,在洪灝公开发表的研究报告中，对于这些预测都有详细的论述。

2011年和2015年，洪灝是彭博年度新闻人物，有关洪灝的新闻点击和关注在彭博终端和亚太区网站上名列前茅。迄今，洪灝不仅在国内的财经领域拥有广泛的专业关注和粉丝，在国外的财经领域中也拥有众多拥趸。洪灝是《华尔街日报》《金融时报》《财新周刊》《财经》等报刊的专栏作家。他还是中央电视台、CNN（美国有线电视新闻网）、BBC（英国广播公司）、CNBC、彭博电视台、凤凰卫视和中央人民广播电台等媒体的特约嘉宾。